El arco
y la flecha

ANNICK DE SOUZENELLE

El arco
y la flecha

Maravillas del Eros

EDICIONES OBELISCO

Colección Espiritualidad y Vida interior
EL ARCO Y LA FLECHA
Annick de Souzenelle

1.ª edición: marzo de 2026

Título original: *L'arc et la flêche*
Traducción: *Maria Cristina Vilardell i Jové y Josep Maria Gregori i Cifré*
Maquetación: *Marga Benavides*
Corrección: *Juli Peradejordi*
Diseño de cubierta: *Enrique Iborra*

© 2001, Les Éditions du Relié
Derechos de traducción gestionados por Cristina Prepelita
Chiarasini Agence CGR
(Reservados todos los derechos)
© 2026, Ediciones Obelisco, S. L.
(Reservados los derechos para la presente edición)

Edita: Ediciones Obelisco, S. L.
Collita, 23-25 Pol. Ind. Molí de la Bastida
08191 Rubí - Barcelona - España
Tel. 93 309 85 25
E-mail: info@edicionesobelisco.com

ISBN: 978-84-1172-376-3
DL B 662-2026

Impreso en España en los talleres gráficos de Romanyà/Valls, S. A.
Verdaguer, 1 - 08786 Capellades (Barcelona)

Printed in Spain

Prefacio

¿Como podríamos hablar de *El arco y la flecha* de Annick de Souzenelle sin presentar antes a su autora? Ella nos ha legado una considerable serie de libros que continúan la tradición hebraica basándose en el texto de la Torá.[1]

Leer los libros de Annick de Souzenelle significa entrar en contacto con una fe enraizada, con un pensamiento estructurado, con una profunda coherencia entre la vida, la palabra y la experiencia interior de su autora. Me ha parecido pues que, para ser justo, debía presentarles a esta gran señora que nos habla de un Dios de amor, de un Dios siempre presente, porque es interior.

«¡No invento nada!, solamente me limito a transmitir los contenidos del *phylum* judeocristiano», responde Annick de Souzenelle cuando alguien le dice que innova, y si bien es verdad que su apertura a las riquezas de

---

1.   Annick de SOUZENELLE, *Alliance de feu. Une lecture chrétienne du texte hébreu de la Genèse,* París, Albin Michel, 1994.

otras tradiciones sobrepasa en gran manera lo que se ha convenido en llamar «ecumenismo», es necesario dejar constancia de que para ella la Biblia es una fuente nutriente de vida.

Consciente de la lucha encarnizada del alma humana, Annick de Souzenelle busca responder a ella a su manera. Un día decidió releer la Biblia en su lengua original, es decir, en hebreo, lengua cuyas riquezas semánticas empezó descubrir y que hoy domina a la perfección. Todo ello la llevó a compartir su experiencia impartiendo conferencias y publicando libros, puesto que lo único que le interesa a nuestra autora es la Verdad interior, hablar de lo divino, sin ningún espíritu misionero, a fin de buscarlo y descubrirlo en lo más profundo del corazón.

Si los libros de Annick de Souzenelle tienen tanto éxito —entre ellos *El arco y la flecha*— es debido, precisamente, a su gran experiencia de las realidades más profundas del ser humano. La autora nos recuerda que «nada está perdido, todo está aquí, en nuestra misma tradición grecolatina y judeocristiana; a pesar de ello, ya no sabemos leer la Biblia, ni escuchar los mitos y los cuentos, ni desencriptar su lenguaje», y exclama: «¡aprendamos de nuevo a leer las Escrituras!».[2]

---

2. Annick de SOUZENELLE, *La Parole au cœur du corps. Entretiens avec Jean Mouttapa,* París, Albin Michel, 2017, p. 12; *cf.* las ediciones castellana, *La Palabra en el corazón del cuerpo,* Buenos Aires, Creavida, 2018, p. 10, y catalana, *La paraula al cor del cos. Converses amb Jean Mouttapa,* Barcelona, Fragmenta, 2022, p. 12.

Enfermera anestesista durante quince años, Annick de Souzenelle entendió que, más que el cuerpo, lo que hay que curar es al hombre. Su deseo ya no es, hoy, el de adormecer, sino el de provocar un despertar relacionado con el hecho de «aprender a leer la letra de nuevo».

Tras convertirse a la ortodoxia cristiana bajo la influencia del padre Evgraf Kovalevsky, quien más tarde se convertiría en el obispo Jean de Saint-Denis, todo cambió para ella, todo se esclareció. Gracias a las enseñanzas del padre Evgraf entró en contacto con la ontología, es decir, con el misterio del hombre y su capacidad para desposar lo divino oculto en su interior. Recibió, asimismo, clases de hebreo del rabino Emmanuel Lévyne, unas enseñanzas que éste sólo impartía a un reducido círculo de personas. Lévyne y el padre Evgraf, cada uno desde su compromiso, hablaban el mismo lenguaje puesto que, para ambos, Israel no es un lugar exterior sino un espacio que ha de permanecer interior.

Annick de Souzenelle nos dice: «jamás me tendré por cabalista, pero con él –Emmanuel Lévyne– adquirí las estructuras fundamentales de la Cábala en lo que atañe al simbolismo de las letras…, yo había sido muy sensible al grito de alarma de C. G. Jung cuando exclamaba: "¡Occidente ha perdido sus mitos y se está muriendo!"; sin embargo para mí los mitos seguían ahí pero ya no sabíamos leerlos. Tenía que aprender pues a leer de nuevo los mitos, para mí misma y para transmitirlos. A partir del día que me llegó la intuición fundamental de mi búsqueda, es decir, la analogía profunda, la correspondencia esencial —corroborada por todos los mitos de nuestra tradición— entre el esquema del cuerpo humano y el del árbol de la vida de los cabalistas, mi trabajo podía empezar; y, en primer lugar, dio a luz *El simbolismo del cuerpo humano, ¡y aún prosigue!*».[3]

Al término de sus conversaciones con Jean Mouttapa, Annick de Souzenelle afirma que «la Biblia, como la vida, nos enseña la necesidad interior de este verbo que aparece tan a menudo en las Escrituras: "dejar". Todo empieza aquí y debemos permanecer en silencio para escuchar en nuestro interior, en el corazón de nuestra carne, en lo más profundo de nuestro ser, la Palabra que Abraham escuchó: "Deja tu país... ve hacia ti"».[4]

No dudes, pues, estimado lector, en leer con atención *El arco y la flecha. Maravillas del Eros,* que la autora abre así: «¿Cómo hablar con las palabras empobrecidas de nuestro lenguaje de aquello que pertenece al Verbo? Pues aquello a lo que llamamos Eros pertenece al Verbo, a lo divino!».

THIERRY D'OULTREMONT
Centelles, otoño de 2015

---

3. *Id.,* p. 29, p. 37 o 29 de la edición castellana.
4. *Id.,* pp. 264-265, pp. 324-325 o 264-265 de la edición castellana.

I

Eros, su nombre

¿Cómo hablar con las palabras empobrecidas de nuestro lenguaje de aquello que pertenece al Verbo? ¡Pues aquello a lo que llamamos Eros pertenece al Verbo, a lo divino!

Como un río de fuego, nace en la Nonada.[5] Fluye con una impetuosidad torrencial para alojarse en los estertores del deseo, en la exaltación de los arrobamientos, para luego apaciguarse, lesionarse contra los peñascos de las rupturas, hundirse en las arenas de las pesadumbres, filtrarse por las más misteriosas alquimias y luego volver a su primera fuente, ¡Nonada!

---

5. *Nota bene:* hemos traducido «rien» –término francés derivado del latín *res,* «cosa»– en su acepción de «nonada» para enfatizar que se trata de una cosa tan insignificante que, como una nadería, no es casi nada; por otra parte, en el siguiente capítulo, la autora observa la cercanía que se da entre esta «nonada» y el «principio», *resh,* de la Creación, cuya significación se halla ya inscrita en su primera letra *(res).* Véase, al respecto, Annick de SOUZENELLE, *La Letra, Camino de Vida. El simbolismo de las letras hebreas,* Buenos Aires, Kier, 1995, cap. XXII, pp. 177-196.

¿Anonadamiento bajo la losa de plomo de los fracasos? A menudo, ¡sí! ¡Pero a veces, también, oro puro de mudas ebriedades que un abrazo divino concede a la carne Una recobrada!

¿Qué otro nombre darle a este río de vida que corre por mis miembros como también por la flor más humilde, que hace cantar al viento y brillar a las estrellas? Sea cual sea su rugosidad o su ternura, tanto si se llama *philia* como *agapé,* es el eros. *Eros, philia* y *agapé* son tres términos que el lenguaje cristiano ha tomado prestado del griego para expresar el amor; en orden creciente, hacen referencia a distintos niveles de conciencia, y por lo tanto de experiencia, conforme a la evolución del ser. *Philia* evoca un amor-amistad; *agapé* es una ternura despojada de todo apego, de toda posesión, un amor purificado.[6] Pero *eros* es el amor, y todo está dicho de él si se sabe que el dios de la mitología griega que le da su nombre «nació, según algunos, del huevo primordial…, no tuvo padre, ni madre…, volaba con sus alas de oro, tiraba sus flechas al azar e inflamaba cruel-

---

6. *Nota bene:* la distinción entre el amor-amistad *(philia)* y el amor desprendido de toda ligazón *(agapé)* se hace patente en el texto griego del Nuevo Testamento cuando Jesús se dirige al apóstol Pedro para preguntarle si le ama. De las tres veces en que Jesús le pregunta «Pedro, ¿me amas?», en las dos primeras utiliza el término *agapé* y en la tercera *phileo,* mientras que en las tres respuestas de Pedro, «Sí, te amo», éste las expresa mediante el término *phileo* (Jn 21, 15-17). A su vez, en la Primera Epístola de San Juan, cuando el apóstol habla del amor de Dios se sirve del término *agapé* (Epístola I de San Juan 3, 14 y 4, 17-18).

mente los corazones con sus tiros temibles».[7] Bajo la luz de su mirada, Eros –primero de los dioses y maestro del arco– abarca la totalidad de la experiencia amorosa, y, en profundidad, no es sino una única flecha que, por muy desviada que esté al inicio de nuestras vidas, puede reencontrar a cada instante la ruta hacia su certera diana, su eje creador que, como veremos, la interpela…

Desde la danza nupcial más arcaica, de la cual hace desencadenar las ondas, hasta la cima sobrecogedora de la castidad, su toque divino traduce sus mutaciones, pero sigue siendo el eros. Desde la risa sofocante, que se pierde en el espasmo que contrae el vientre, hasta las lágrimas saladas que se deslizan para ser recogidas por las comisuras de los labios doloridos, sigue siendo el eros.

Desde esas lágrimas hasta la inmersión total en el fuego de su sal y de la adoración, sigue siendo el eros.

Desde la planta de los pies hasta la punta de la cabeza, desde el germen anidado en el secreto del seno materno hasta el «turbante real en las manos de su Dios», emerge como una serpiente de bronce que, ciertamente, cambia de color en sus distintos enroscamientos, pero sigue siendo el eros.

Su nombre tañe el carillón de su fiesta.

Yo no osaría acallar su canto…

---

7. Robert GRAVES, *Los mitos griegos,* Barcelona, Ariel, 2016, pp. 24-25.

II

Su fuente

Todo es creado de nonada, dice la Tradición. «Nonada» es el primer nombre divino revelado de la mística judía.[8] El eros nace del anonadamiento divino, de Dios

---

8. *Nota bene:* la autora se refiere al término hebreo *Aín,* «Nonada», lugar de donde emanan las energías divinas del Árbol de las Sefirot: «Cada *sephira* es un recipiente, un contenedor de energía, de una energía que nos viene de arriba, que desciende de *Aín,* al que llamamos "Nonada". En efecto, esta palabra significa "nonada", lo que hace decir a la tradición judeocristiana que Dios lo ha creado todo *ex nihilo;* sin embargo, sobre este tema reina la mayor confusión porque este *Aín* hebreo no tiene nada que ver con nuestro concepto de nada. Es el punto sin dimensión que lo contiene todo en su potencia, y que simboliza el "lugar" sin espacio en el que Dios se retira y pasa por "nonada" para que el Hombre advenga. Para hacerse una idea –el texto transcribe los diálogos entre Annick de Souzenelle y Jean Mouttapa–, imagine dos conos opuestos por la cima. *Aín* es ese punto de intersección, situado más allá de toda medida, que hace de nexo entre el mundo divino y el mundo humano. *Aín* es también llamado el "Punto de Arriba". Es y no es». *Cf.* Annick DE SOUZENELLE, *La Palabra en el corazón del cuerpo. Jean Mouttapa entrevista a Annick de Souzenelle,* Buenos Aires, Creavida, 2018, p. 60, o la edición catalana *La paraula al cor del cos,* Fragmenta, Barcelona, 2022, p. 64.

15

que no podría poner ante él a otro que no sea él sin reducir su infinitud a nonada.

Kenosis, contracción divina hasta el extremo, dicen los griegos; *Tsim-Tsum,* aspiración divina hasta la punta más fina de nonada, dicen los hebreos. De este «punto de arriba» que es Punto y que no es nada… todo es creado; del no-Ser al Ser, todo es creado.

En este *'Emts'a,* en este «centro» del movimiento divino del no-Ser al Ser, se encuentra el «intervalo» *Rewah,* que pronunciado *Ruah,* es el Espíritu Santo de Dios.

El Espíritu Santo reside en esta nonada… Es una ausencia, pero Es, con lo cual también es Presencia; un más allá de la antinomia, que se manifiesta en un aliento, en una caricia amorosa; una Presencia en «todo aquel otro» con el que establece relación. Esta nonada es, a su vez, el principio *Resh* de lo creado. «En el principio», en hebreo *Ber'eshit,* es también *Brit-'esh,* «Alianza de fuego», alianza de amor. La obra creada tiene una fuente y una finalidad nupciales.

Seamos claros: este Principio nos habita, a nosotros, seres creados; nos fundamenta. *Ber'eshit,* esta primera palabra del Génesis que la Tradición asegura que contiene el mensaje de la Torá en su totalidad,[9] no alude a

---

9. *Nota bene:* Emmanuel d'Hooghvorst en «Le Midrache», *Le fil de Pénelope,* Grez-Doiceau, Beya, 2009, vol. I, pp. 281-282, escribió: «Los maestros han enseñado: 'la Torá está contenida toda entera en el primer versículo del libro del Génesis: "En el principio, Dios creó el cielo y la tierra". El resto es el comentario, el midrach.' Otros han dicho: 'la Torá ya se en-

un «comienzo» de la Creación bajo el orden de nuestro tiempo de exilio; éste es accidental y me referiré a él más adelante. *Ber'eshit,* «en el principio», es fundador de todo lo que tiene vida; constituye el núcleo de la transfiguración de toda cosa. (La «cosa», *res* en latín –tan cercano al «principio» *resh,* en hebreo– ¡de donde procede el término francés «rien»!). Este núcleo es divino, está sellado en el interior de cada cosa; guardián de su energía potencial, la libera de una forma natural por ejemplo en el corazón de las estrellas, en sus fisiones nucleares controladas, pero es llamado a liberarla en nosotros mediante una progresiva obra de realización en la que tenemos que participar, ¡desplegando el eros!

Quizás podemos empezar a presentir esta verdad última accediendo hoy en día a la realización de la fisión nuclear por la vía exterior; y si ésta nos inspira tanto temor es porque aún estamos lejos de concebirla, de forma homóloga, como una realidad interior en nosotros mismos.

---

cuenta toda entera en la primera palabra de este versículo: *Bereshit,* "En el principio"; y el resto es el comentario.' Y algunos han afirmado: 'es en la primera letra de la primera palabra que se encuentra en la Torá, la letra B, en hebreo *Bet;* y en esta primera Bet hay un punto; la letra sin el punto no es la Torá, el punto sin la letra tampoco es la Torá, pero el punto dentro de la letra, esto sí que es la Torá de Moisés… y todo el resto es el midrach'». Véase la traducción catalana de este breve artículo en Emmanuel d'HOOGHVORST, *El fil blau. Històries de la tradició hebraica,* Barcelona, Publicacions de l'Abadia de Montserrat, 2002, pp. 17-18.

Los mitos que se sirven del lenguaje del Hombre[10] exterior para hablarle de su interioridad le hablan del estado de exilio de sí mismo y de Dios, que es el suyo cuando llega al mundo; trágico olvido que le hace muy difícil el acceso a la conciencia de este «principio» fundador de toda vida. Sin embargo, ¡es solamente en su fuente donde encontraremos el manantial del eros para saciar nuestra sed y seguir el río vital que es y que preside esta gran obra!

Volviéndonos hacia lo ontológico,[11] regreso, pues, a este principio. *Ber'eshit* también es *Bar'eshit,* «un hijo pongo como fundamento», dice *Elohim,* Dios creador.

Y la misma palabra *Ber'eshit* está construida con las dos primeras letras *Bet* y *Resh* cuando se enlazan en sus respectivas formas desarrolladas. Ahora bien, estas dos primeras letras forman la palabra *Bar,* el Hijo. Así, en el secreto, este nombre del Hijo está puesto como epí-

---

10. Escribo el término Hombre con una H mayúscula para referirme a la humanidad entera –traducción del nombre hebreo de *Adam*–, que comprende a hombres y mujeres. Lo escribo en minúscula cuando me refiero a un hombre para distinguirlo de una mujer.

11. Empleo a menudo el término «ontológico», del griego *ontos,* participio presente del verbo *ser,* para calificar el estado del Hombre cuando nace de las manos divinas, antes de lo que la tradición denomina la «caída». El estado del Hombre ontológico se opone, así, al del Hombre convertido en exiliado de su primera naturaleza; de hecho, éste se halla exiliado de sí mismo y de la presencia divina que lleva en su interioridad. Esta segunda naturaleza es la nuestra cuando llegamos al mundo, a pesar de que recubre a la primera, siempre presente en nosotros, aunque adormecida y estéril mientras no la despertemos. El eros es el despertador esencial.

grafe de toda la Biblia, cosa que confirma el apóstol Juan en su Evangelio: «En el principio es el Verbo».[12]

Con el Espíritu, el Hijo-Verbo fundamenta lo creado.

Él es la imagen divina en la que Adán (el Hombre) es creado en el sexto día del Génesis.

Pero no es sino en el transcurso de una suntuosa ontogénesis de lo creado que se sitúa este sexto día que, antes que nada, toma sus raíces en el primer versículo del Génesis:

En el Principio, Dios creó los cielos y la tierra.[13]

Los cielos, *Shamaim,* que se encuentran dentro de nosotros –Jesús nos lo confirma–,[14] son el *Shem* en las *Maim,* «el Nombre en las aguas». El Nombre, el Santo Nombre, es YHVH, presente del verbo ser, Yo Soy; es Dios en cuanto que Dios fundamenta lo creado y se encarna en el Hombre. En el Hombre, es el Hijo-Germen que hace de él un «yo soy en estado de devenir». Esta imagen divina fundadora es una parte de lo increado en el corazón de lo creado; es el Nombre propio de cada ser, oculto en sus aguas. Las aguas, llamadas más adelante «aguas de abajo», son un cúmulo de energías potenciales y, por lo tanto, desconocidas, que hormiguean en el Hombre y que, bajo el fuego de

---

12. Juan 1, 1.
13. Génesis 1, 1.
14. Lucas 17, 21: «[...] el reino de Dios está dentro de vosotros».

lo Increado –el Nombre, núcleo del ser–, serán llamadas a ser integradas para convertirse en algo conocido, en información, para construir el Árbol del Conocimiento.

La tierra, en relación con los cielos, es lo seco respecto a lo húmedo, es decir, lo que está integrado de estas energías (lo húmedo se convierte en lo seco; lo desconocido en lo conocido), en relación con lo que falta por integrar. Estos dos polos presentes en el corazón del Hombre son respectivamente llamados por la Tradición, e incluso por la gramática hebraica (en los modos del verbo hebreo), «realizado» y «no realizado»; en el séptimo día del Génesis, calificarán los dos lados del Árbol del Conocimiento. Es en un retroceso a una situación de sexto día –la situación de exilio que es la nuestra–, cuando este árbol es llamado Árbol del bien y del mal. Ontológicamente, es decir, en su naturaleza original, el Árbol del Conocimiento es el de la Realización (luz) y de la No-realización (tinieblas). Más adelante hablaré de este drama del exilio, o del pecado, que es como corrientemente se suele denominar.

Pero volvamos a los primeros días de la Creación. Durante el desarrollo de esta grandiosa ontogénesis, a cuya imagen obedecerán todas las gestaciones vividas en lo creado, sea cual sea el nivel en que se realicen, se forman las estructuras interiores de Adán necesarias para la germinación y el crecimiento del Hijo; se crean, asimismo, las energías (simbolizadas por los animales) –primeras «almas vivientes» siempre interiores en el

Hombre–, incluso aquellas que pueblan las aguas y cuya integración asegurará la germinación y el crecimiento del Hijo en el interior del Hombre.

Todo está preparado, pues, para que en el sexto día (que también podríamos denominar sexto mes de gestación) Adán sea creado animal perfecto entre todos los animales de la tierra que aparecen ese mismo día. Sin embargo, más allá de las cualidades animales, Adán es *creado* en la imagen de Dios y será *hecho* capaz de semejanza. Entre la imagen y la semejanza hay una dinámica de vida, admirable proyecto divino cuyo principio establecido será objeto de los tres postreros meses de gestación. Durante el desarrollo de su vida, el Hombre creado libre escogerá inscribirse en esta dinámica, o no hacerlo; puesto que si en este sexto mes Adán no solamente es creado «imagen de Dios», sino también «macho y hembra», es en previsión de instaurar los esponsales que encarnarán dicha dinámica, la cual podrá ser vivida a distintos niveles según la elección del Hombre. El rechazo del proyecto divino conduce al Hombre a nuestra situación actual de exilio, que es la regresión al estado descrito en el sexto día de la obra divina; se trata, efectivamente, de una regresión, habida cuenta de la iniciación al estado de séptimo día que Adán recibe, como nos cuenta el relato bíblico.

En esta situación de exilio sabemos lo que son «macho y hembra»: hombres y mujeres que se acoplan para traer hijos biológicos al mundo exterior, como lo hacen todos los animales; maravillados ante este misterio que se realiza en nosotros con tanta sencillez, ¡apenas se nos ocurre la idea de hacer germinar y crecer al Hijo interior!

Sin embargo, debemos comprender esta dialéctica macho-hembra propia del Hombre ontológico (tal como ha salido de las manos divinas), desarrollando otra inteligencia:[15] así, es «macho», *Zakor*, aquel –aquella– que «se acuerda» (en hebreo es la misma palabra), de aquella que se denomina «hembra», *Nqébah*, en hebreo. *Nqébah* es un agujero; la hembra es un agujero sin fondo, interior en todo Adán…, un abismo desconocido (de ahí el símbolo de las aguas y de las tinieblas con el que se asocia) en cuya profundidad está sellada la imagen divina, el principio fundador del ser…

¡La nonada!

En este exilio al que se puede llamar situación de sexto día, la imagen divina, perdida en el fondo de este agujero ignorado, está como muda; Adán, que está como adormecido, no tiene conciencia de serla; tan sólo es alma viviente por los poderes que, inconscientemente, ha dado a sus animales interiores (el alma-grupal animal) que se imponen sobre él y que se erigen en autoridad.

En situación de séptimo día, un flujo de deseo se eleva desde las más grandes profundidades de Adán…

---

15. Esta lectura distinta del mito creador ha sido desarrollada en todas mis obras, particularmente en *Alliance de feu. Une lecture chrétienne du texte hébreu de la Genèse*, París, Albin Michel, 1995, 2 vols.

¡el eros! El espíritu del Hombre se expresa, a quien responde el espíritu de Dios. La imagen divina es entonces movilizada en él, conmovida por el aliento del Espíritu Santo de Dios, y toma vida bajo la «caricia del eros divino». Adán deviene alma viviente en su Persona única, el Nombre en él, su Nombre; y el Hijo empieza a crecer en su interior. Adán siente como el abismo se estremece...

El espíritu en él, imagen del Espíritu Santo de Dios, se une a su modelo divino. Adán, el Hombre, se convierte místicamente en el espacio de encuentro de dos alientos, de dos deseos, ¡de dos amores!

Una cualidad nupcial muy desconocida aún para nosotros se instaura; es de orden ontológico, y forma parte de nuestra verdadera naturaleza. El mito bíblico nos invita a contemplarla con una sobriedad embriagadora.

El desposorio actúa conforme a dos modalidades; por una parte, es la celebración de la unión del Hombre interior consigo mismo, en los dos polos de su ser, «realizado y aún no realizado», que también pueden denominarse «seco y húmedo», «luz y tinieblas», «consciente e inconsciente».

Sean cuales sean los términos de la dialéctica, se trata en todo ser del polo macho (la cualidad del Hombre que se acuerda de su costado hembra y que, por lo tanto, lo penetra), y de este polo hembra (el femenino del ser –misterio insondable– que, como una madre a su hijo, lleva al hijo divino, al Hijo, llamado por la Tradición «Hijo del Hombre»).

Este costado hembra de Adán –que nunca ha sido una costilla y aún menos la mujer respecto al hombre– lo expresa la palabra *Tsel'a,* construida esencialmente a partir de la raíz *Tsel,* la sombra. Adán, es decir, todo ser humano, debe desposar su sombra, su femenino interior, ¡para alcanzar lo divino en sí mismo!

Por otra parte, el mismo ser humano, en tanto que «imagen», *Tselem* de Dios, ¿no es, esencialmente, *Tsel,* «sombra» de Dios?

> ¿Qué es el Hombre para que *te acuerdes* de él y
> el Hijo del Hombre para que lo visites?,[16]

canta el salmista prendado de su Dios, ¡al descubrirse desposado por Él!

Pues, creando, Dios pone su «otro costado» del cual hace su sombra, su femenino, para desposarlo... En imagen, el Hombre (Adán), ese «otro costado» de Dios, su sombra, está invitado a ofrecer su propio «otro costado», su sombra en él, su femenino interior, para desposarlo.

La potencia del amor en Dios y la de su imagen en el Hombre se desvelan poco a poco ante nuestros ojos del alma, maravillados. Estos esponsales divino-humanos, que se encaminan hacia cimas ignoradas, ven cómo el amor divino se da en la medida en que el Hombre lo puede recibir, ¡si no su fuego lo consumiría! Sin

---

16. Salmos 8, 5.

embargo, el Hombre solamente es desposado por Dios en la medida en que asume sus propios esponsales; se convierte entonces en «zarza ardiente» bajo el abrazo divino. Estos dobles esponsales son la dinámica misma de la vida.

Antes de cantar su celebración quisiera aportar una luz para enfocar al eros enraizado en lo más profundo del corazón del Hombre, tal como nos lo revela la Torá.

III

Su ser

¿Qué es, pues, lo que en nuestro texto sagrado nos permite hablar del espíritu en el Hombre –y por consiguiente del eros–, y hablar de él como parte integrante de la imagen divina, con el Hijo?

Imagen del Dios Uno en tres Personas, de las cuales cada una es totalmente Dios sin romper en modo alguno la unidad de la esencia, el Hombre es Uno. La humanidad es una, podemos afirmar, en la multiplicidad de las personas humanas, de las cuales cada una contiene la humanidad entera; y cada una, imagen divina, es tres: Padre, Hijo y Espíritu.

Sólo Dios es Padre, pero establece su icono en el Hombre, quien debe ejercer una función macho para con su lado hembra y una función de padre adoptivo en la primera fase de crecimiento del Hijo del Hombre en su interior –tal como hizo san José con respecto a Jesús– hasta que el «Hijo del Hombre e Hijo de Dios» haya alcanzado los doce años. En todo ser humano, el «Hijo del Hombre», *Bar,* germen de YHVH, es «Yo soy en estado de devenir». El Hijo nunca está separado del Espíritu. El Espíritu, siempre cercano al Hijo, le da la fuerza de crecimiento. Ambos, Hijo y Espíritu, en Dios, son las dos manos del Padre que operan en el mundo creado –dice san Ireneo de Lyon–, pero muy particularmente en el Hombre-Adán.

El hebreo nos permite precisar la presencia del Espíritu junto al Hijo y contemplar su icono en el corazón de Adán: en la dinámica del séptimo día, Dios revela a Adán su otro costado todavía no realizado; para ello, le hace descender a sus profundidades, a ese agujero que constituye su femenino interior, a fin de que tome conciencia de él y pueda desposarlo. Es entonces cuando, en lo más profundo de este abismo húmedo y tenebroso, Dios sella la «carne».[17]

El mito recurre a esta nueva imagen para confirmarnos la presencia fundadora del «principio» del ser en aquel costado velado, infinitamente rico de energías potenciales, «polvo» de energías que en el Hombre satelizan el núcleo divino, la Carne.

La palabra hebrea *Basar,* la carne, puede ser entendida como una contracción de la primera palabra del Génesis: si *Be-reshit* es «en el principio», la carne, *Basar,* puede ser leída *Ba-Sar,* «en el Príncipe»; y el Príncipe en el Hombre ontológico es Dios. Además, en *Basar*

---

17. Génesis 2, 21.

encontramos la presencia del «Hijo», *Bar,* que engasta la letra *Shin* (ש) como si fuera un diamante.

¡Es ella, la letra Shin, *la que revela el espíritu en el Hombre! La letra actual es una estilización del dibujo de su ideograma primitivo; éste es un arco tensado hasta el extremo, que retiene una flecha a punto de ser lanzada. El arco está entre las manos del Hijo; la flecha le conducirá al Padre,* último blanco, o devastará al Hombre en su carne si el arco es tomado por otras manos. No olvidemos que en griego, *Amartia,* como en hebreo, *Hata,* el pecado, tanto uno como el otro significan, literalmente, «fallar el blanco». En efecto, cuando el Padre se convierta en el Satán diabólico a quien el Hombre dará autoridad sobre él, la flecha desviada de su eje podrá volverse homicida…

Esta letra *Shin,* que tiene la forma del tridente ש, potente como el tridente de Poseidón, dios de las grandes profundidades submarinas en el mundo griego, es justamente la misma que nos revela la presencia del Espíritu en el Hombre; *¡su flecha es la del eros!* Presencia temible, infinitamente preciosa, tierna y terrible, de sabor divino, ¡lo transfigura todo! Levanta el velo de las apariencias, le da al instante dimensión de eternidad, revela el secreto de su ser en toda cosa, y hace descubrir en ella la gracia que hay detrás de la belleza o de la fealdad más horrible; desbarata las lógicas más consolidadas, los hábitos más arraigados en los arsenales del saber. ¡Convierte al Hombre atravesado por su flecha en obrero y en ser obrado por Dios, en esposo de su propia alma y en alma desposada por Dios!

Estos pocos y tímidos pasos dados en el jardín del relato bíblico nos permiten respirar los primeros perfumes que éste exhala: ante todo, el perfume sutilísimo de un árbol fundador, «plantado donde se separan las aguas»; sus raíces celestiales se sumergen en el infinito de las «aguas de arriba», las de lo Increado; sus raíces terrestres se hunden en el infinito de las «aguas de abajo», las de lo Creado; he aquí el arquetipo macho-hembra, esposo-esposa. Si bien Dios es Uno, indiscutiblemente Uno, sin dualidad alguna macho-hembra en sí mismo, establece sin embargo, indiscutiblemente, una relación macho-hembra con su creación; se revela entonces macho respecto a ella –que es totalmente femenina sin su relación con él–, a condición de que «ella», plenamente recapitulada en Adán, se viva a sí misma en situación de séptimo día, descubriendo la frescura del amanecer de ese día divino y empezando a vivir su identidad propia y comulgante.

De Dios al Hombre, del Hombre a Dios, se establece en este séptimo día la «Alianza de Fuego», arquetipo de toda alianza, de todo amor. Un jardín florece bajo los pies de los amantes; su perfume se eleva aún más embriagador, emana de todos los árboles y de todas las flores del jardín; está en el corazón de cada ser; es el jardín del *Edén,* el jardín de la fruición.

IV

Dinámica del eros. El Shabat

El Hombre en situación de sexto día es totalmente inconsciente; todavía se halla confundido con su femenino interior, que, por un lado, es llamado *'Adamah,* en cualidad de «madre» –cuya matriz le llevará a nacer a niveles cada vez más elevados de sí mismo–, y, por otro, *'Ishah,* en cualidad de «esposa», puesto que sus esponsales con todos los elementos que constituyen su femenino condicionarán sus nacimientos.

Este Hombre del sexto día parece dormir en sus aguas matriciales, o, por lo menos, gozar de un sueño respecto a lo que conocemos en relación con el despertar; sin embargo, quizá conozca un despertar a alguna otra realidad, una realidad que los términos bíblicos dejan sospechar, pues de ese Adán se dice, en efecto, «que no es Nada para cultivar la Adamah».[18] El hebreo

---

18. Génesis 2, 5. La mima autora, en *Alliance de Feu. Une lecture chrétienne du texte hébreu de la Genèse* (vol. I, p. 511), comenta que, en este pasaje bíbli-

es suficientemente rico en recursos literarios para saber expresar de otra manera que por esta repentina aparición de la Nonada la incapacidad de Adán para ir, al inicio de esta ontogénesis, hacia sus esponsales interiores y, por tanto, su impotencia respecto al eros. Pero quizás una lectura más sutil nos permita apreciar que Adán extrae entonces de la Nonada, de la imagen divina con la que también se encuentra confundido, una leche materna indispensable para lo que acontecerá. En esta primera etapa de gestación, ¿no memorizaría una primerísima iniciación al eros, en su fusión con la Nonada, con el Dios de amor que, por amor, se hace Nonada para crear y transfundir el amor?

Bajo el choque de esta transfusión, el despertar del eros no puede permanecer en silencio; habla y canta a lo largo de todo el relato del séptimo día del Génesis.

El Hombre del séptimo día se convierte en un Hombre.

El paso al séptimo día es una nueva etapa de la creación por la vía de la separación.

Dios se retira. *¡Shabat!* Elohim se retira para que YHVH crezca en el Hombre.

Dios se retira de su obra creada para hacerla.[19]

---

co, «"Adan no es" no quiere decir que Adán no esté allí, sino que todavía se halla totalmente identificado con su *'Adamah*-madre y que, por lo tanto, es incapaz de desposarla».

19. Génesis 2, 3.

El Padre se retira ante el Hombre para que éste, creado en la imagen, entre en el dinamismo de la semejanza por el crecimiento del Hijo en él. He aquí el «hacer» divino-humano.

¡Misterio del amor!

¡Qué maximalismo del eros divino es esta retirada del Amado ante el «otro», su amada, para que devenga «ella misma»! Ella lo esperaba todo de él; esperaba «que llovieran las aguas de arriba» para empezar a vivir; estaba pendiente de los brazos amantes del Padre para sostener sus primeros pasos, pero los brazos del Padre se esconden. Ante este vacío, ella se viene abajo y vive la experiencia de la Nonada; ¡y deja entonces de estar confundida con él!

De repente, una fuerza inesperada surge de sus abismos: se eleva un «vapor», *'Ed,* que la impregna totalmente y hace de ella un brasero; de los pies a la cabeza y de la cabeza a los pies, todo se revuelve y revuelca en ondas de fuego hasta las extremidades de su ser; la atraviesa un ciclón cuyo ojo penetra lo más íntimo de su médula. Conoce el deseo. Este vapor, hecho de agua y fuego, es deseo. El agua está constituida por las «aguas de abajo», la *Adamah,* el potencial fabuloso retenido en sus tinieblas.

El fuego es el núcleo divino de su ser, que se mantenía oculto en ella hasta aquel momento y que, con la apertura del *Shabat,* como hace el sodio de la sal, ¡inflama el agua! El deseo, en todos los niveles, siempre es agua y fuego. El verbo hebreo *Shouq,* desear, también significa rociar. ¡La amada es inundada y a la vez abrasada por su deseo!

El *Shabat* es la letra *Shin*, el eros, de *Bat*, la «hija». La retirada del esposo hace brotar el deseo de la esposa. Pero el *Shabat* también es el fundamento, *Shet*, de ella, la hija-esposa (simbolizada toda ella por la letra *Bet)*, cuya única razón de vivir se halla en la búsqueda del Esposo. En ella, la flecha del eros se desprende del arco y levanta el vuelo. Bajo su empuje, el Hijo comienza a vivir en la amada y la savia del Árbol del Conocimiento, a crecer. ¡La amada no es ya sino deseo, llamada, espera y total receptividad!

Entonces el Esposo va hacia ella; el eros divino responde.

Responde por el flujo del Espíritu Santo de Dios: expiración divina que penetra en las aletas nasales de Adán y hace emerger en él la inspiración; penetra su potencia de amor hasta el espíritu del Hombre, su *Neshamah*. Y el Hombre respira, *Nashom*, desde el primerísimo impulso surgido de las «aguas de abajo» –letra *Nun* (el germen-pez)–, hasta la penetración de la flecha en las «aguas de arriba» –letra *Mem* final–, donde construye el Nombre, *Shem*.

El Espíritu Santo de Dios hace de la amada una «alma viviente», la despierta a la persona única que ella es en su Nombre secreto.

Por último, él responde por la precipitación del río de fuego, la savia del Árbol de la Vida, que viene al encuentro de la del Árbol del Conocimiento.

Este río Uno, divino, que surge de las «aguas de arriba», estaba contenido hasta ese momento en la Nonada, como modelo arquetipal de la flecha retenida por el arco del eros en las «aguas de bajo».

Río y flecha, todo se destapa. El amado y la amada se unen en un abrazo cuyo único testigo es el santuario, en el secreto, en el corazón del jardín del Edén. El santuario tiene una cualidad diferente según las etapas del encuentro, conforme al grado de realización que la amada, verdadera zarza ardiente, alcanza, y en el que el amor divino mide la intensidad de su fuego.

En el orden del don divino hacia la amada, y en la medida en que ésta puede soportarlo sin ser abrasada, el río se distribuye en cuatro «cabezas», en cuatro «principios», el primero de los cuales es el *Phrat*. Éste «florece», con una discreción infinita, en el corazón del ser más inconsciente, el cual, sin él, no gozaría ni siquiera de la vida fisiológica y no recibiría ninguna información en aras de su despertar.[20] El santuario que lo recibe en el Hombre es la «matriz de agua».

El segundo «principio» del río Uno lleva por nombre *Hideqel;* abreva la tierra de aquel que, habiendo despertado, «ve los cielos abiertos», el profeta. Nutrido por las aguas del fuego del *Hideqel,* el profeta prosigue el camino de su ascensión hacia el Amado descendiendo entonces al fuego del *Guihon* (la Gehena), donde

---

20. Véase el último capítulo de *El simbolismo del cuerpo humano,* Barcelona, Ediciones Obelisco, 2024.

35

forja su realeza. Estos «infiernos, matriz de fuego», son también el santuario de los esponsales del Hombre consigo mismo, en los dos polos de su ser –realizado y no realizado, luz y tinieblas–; el Hombre hace «obra macho» en las entrañas de ese agujero abisal al que Dios le hace ir, las cuales le atraviesan de eternidad y le conducen al Nombre. En cada etapa, en cada tierra realizada, Dios viene a visitarlo y a hacer fructificar su tierra.

Fuente del río Uno, el *Pishon* fecunda «la tierra donde se encuentra el oro», la tierra del Nombre, ¡la tierra prometida!

Su fuego, diferente al fuego, es el del Gólgota, el de la matriz del cráneo. Donde «todo se realiza…».

Estas tres matrices construyen esencialmente el cuerpo del Hombre; éste está programado para que, bajo el fuego del eros, se cumpla en él la gran obra de su vida.

En esta matriz del cráneo, rodeada por la «duramadre» y por la «piamadre», todo ser que vive la experiencia deviene Uno y universal, único y todos; es entonces investido de la función sacerdotal. La Reina es introducida en la cámara del Rey.

¡Misterio de los esponsales!

V

Exilio del eros

Aunque haya querido exponer las fuentes del eros limitándome a lo que revela sobre ellas el libro del Génesis en lo que atañe a las normas ontológicas del séptimo día, no he podido dejar de señalar en alguna ocasión el camino de retroceso que acontece cuando el Hombre se encuentra en regresión a la situación de sexto día. Me era difícil callar este dramático rechazo del Hombre al proyecto divino, rechazo que hoy nos mantiene a todos en un alejamiento tal de estas normas que sus descripciones corren el riesgo de parecernos fábulas, e incluso fábulas inútiles, ¡parece que ya no nos conciernen!

Ahora bien, esta lectura de lo ontológico nos es doblemente útil. De entrada y ante todo, porque esta primera cualidad del eros nos sigue concerniendo.

Desviados del paraíso perdido que es el jardín del Edén, no por punición divina, sino como consecuencia de la libre elección del Hombre, podemos a cada instante y gracias a este mismo libre albedrío volvernos hacia él: este espacio divino en el que Dios, él sí, fiel a su Alianza, no deja de alentar, de interpelar y de «llamar a la puerta» del corazón, está en nosotros. Nada nos impide abrir, salvo nuestros bloqueos a su amor. ¡A cada instante podemos girarnos hacia nosotros mismos, hacia la imagen divina, fundadora de nosotros mismos y detentora del arco y de su flecha!

Por otra parte, el rol del eros, con sus maravillas y sus tristezas, e incluso con sus tragedias en situación de sexto día, sólo será verdaderamente comprensible para nosotros si es visto como la sombra de la divina naturaleza del eros proyectada sobre nuestra tierra de exilio. Este punto de referencia nos es indispensable para elevar con acierto nuestra reflexión más allá del área sentimental donde se arraigan e incluso tratan de justificarse nuestros desvíos, y donde se forjan nuestras resistencias.

Por este doble motivo, me parece necesario que nos detengamos un momento en el relato del Génesis habitualmente llamado de «la caída» del Hombre al que, obedeciendo estrictamente al texto, prefiero llamar del «exilio».[21]

El relato dice lo siguiente:

Aprovechándose de la no vigilancia de Adán, que debía «custodiar (y cultivar) a su Adamah (Ishah)», Satán (la serpiente) se dirige a ésta; él siempre se dirige a

---

21. Génesis 3, 1-24.

nuestro inconsciente, ¡tan vulnerable cuando no le prestamos atención!

Satán alarga el fruto del Árbol del Conocimiento a Ishah, que lo ve «bueno para comer» (fruición), «deseable para la vista» (posesión) y «valioso para triunfar» (poder).

Ella lo toma, lo come, se lo da a Adán, y éste lo come. Constantemente somos engañados por uno de estos componentes de nuestro ser; las energías que los constituyen actúan en nuestro lugar, en el lugar de un «yo» confundido con estos «animales» interiores y, por lo tanto, ignorante de ellos y de su temible autonomía.

Preguntada por Dios, Ishah reconoce no sólo haberse dejado seducir por Satán, sino incluso «desposar» por él. El Satán diabólico se convierte en el nuevo esposo de la humanidad, en su nuevo «principio», ¡se constituye en príncipe de este mundo! A partir de este momento él es quien se hace cargo del arco y de la flecha del eros, cuyo curso se apresura a desviar. La flecha desviada de su eje sigue aparentemente haciendo grandes cosas, pero también mata. En cualquier caso, el Hijo-Verbo permanece atado, prisionero en el corazón de la Adamah. La carne en su totalidad, *Basar,* hecha del Hijo-Verbo y del espíritu,[22] queda esterilizada en cuanto a su finalidad ontológica; a partir de este momento se expresa en

---

22. *Nota bene:* la autora puntualiza, más adelante, cómo la misma palabra hebrea *Basar,* la «carne», lleva inscrita la presencia del «Hijo», *Bar,* junto a la del «Espíritu», simbolizado por la letra *Shin.*

el cuerpo físico, animal, del Hombre y sus pulsiones, en los impulsos psíquicos del Hombre, en sus afectos y sentimientos, en sus designios de todo tipo, que dejan pues de estar iluminados por el Espíritu Santo de Dios. Por su parte, cuando Adán come el fruto antes de haberlo hecho madurar en sí mismo, cree haberse convertido en Hijo totalmente realizado; en lugar de en «yo soy en estado de devenir», en «Yo soy», YHVH. ¿Acaso Caín, el primer hombre nacido en situación de exilio, no es traído al mundo por su madre Eva, quien explicita el nombre dado a su hijo mediante esta declaración: «Yo he adquirido un hombre-YHVH», un hombre-dios? En lo sucesivo, el Hombre vive de la ilusión de ser un dios. Al creerse totalmente «realizado», deja de dirigir su mirada hacia su otro costado, Ishah, su femenino interior, «no realizado», con lo cual hace que se desmorone la justa relación que siempre debía unir los dos costados de su ser.

La Adamah (Ishah) está maldita
en lo que a ti concierne,[23]

dice Dios a Adán, previniéndole de las trágicas consecuencias de su elección y muy particularmente de la «maldición», que, bajo esta perspectiva, no viene de Dios, sino del Hombre. Adán —el Hombre que somos todos nosotros—, al no poder entrar ya en la dinámica

---

23. Génesis 3, 17.

de su identidad divina, se abrasa en lo sucesivo bajo el sol de un primer yo, en la ampulosidad de un narcisismo destructor, y no tiene ningún cuidado de su costado sombra, que queda en el olvido. Está totalmente proyectado al exterior de sí mismo, en la conquista de fruiciones, posesiones y poderes que exige del mundo y, sin saberlo, del Satán que lo retiene en servidumbre.

Tus deseos te llevarán hacia tu esposo (Satán)
y será él quien te domine,[24]

le dice Dios aún, dirigiéndose a Ishah, puesto que todos los deseos de Adán surgirán de esta esposa no desposada, convertida en algo parecido a una viuda, que impondrá compensaciones inconscientes (estrategia de los «animales» que la constituyen).

Y al mismo Adán, Dios le dice aun:

Comerás el pan con el sudor de tus narinas hasta
que te gires hacia tu Adamah (Ishah), pues de
ella te has separado, porque tu eres polvo, y
hacia el polvo gírate pues![25]

---

24. Génesis 3, 16.
25. Génesis 3, 19. A propósito de este pasaje, la autora comentó: «El modo imperativo nos enseña el camino de girarnos hacia las normas anteriores a la Caída. ¡Date la vuelta hacia el polvo que tú eres! Nos es pedido: ¡asume lo múltiple que te habita para conquistar la unidad! ¡Adéntrate en tus energías más profundas, y penétralas –el conocimiento es "penetración" en hebreo–, fertilízalas, despiértalas para que tu ser se eleve a otra dimensión! ¡He aquí el mandamiento divino, he aquí la vocación última tanto

Lejos de ser una condena, el decir divino según esta lectura nos da a conocer las dolorosas consecuencias del gesto de Adán, pero también una información llena de ternura hacia él-ella, su bienamada –que acaba de prostituirse con un falso esposo–, para que reencuentre el camino de su liberación: ¡«girarse»! «El giro»[26] es *Teshubah*, de la raíz *Shub*, que es también la de *Shabat*. Adán debe girarse hacia su Adamah-Ishah y establecer con ella la justa relación; ¿acaso no posee ella la riqueza de un polvo de energías –de las que la misericordia divina reconstituirá la totalidad (¡el perdón!)–, para que se encuentre de nuevo en condiciones para formar el fruto justo del Árbol del Conocimiento?

¡Este «polvo», *'Aphar,* es la futura fecundidad de Adán![27] *'Aphar* es en su «fuente» –letra *'Ayin*–, *Phar,* el secreto de su «crecimiento» (verbo *Paroh),* e incluso de su «fruto» *(Pri).* En estas mismas condiciones, Dios promete a Ishah la fecundidad, que de ahí en adelante

---

del hombre como de la mujer, he aquí la invitación urgente que nos ha sido hecha para realizar nuestras nupcias interiores!», *cf.* Annick DE SOUZENELLE, *La Palabra en el corazón del cuerpo,* Buenos Aires, Creavida, 2018, p. 88.

26. *Nota bene:* en relación a este vuelco o giro interior, véase el capítulo «El capgirament», en Annick DE SOUZENELLE, *Per una mutació interior. Resposta al Manifest per la Terra de Mikhaïl Gorbatxov,* Barcelona, Claret, 2019, pp. 43-51.

27. *Nota bene:* respecto a ello, la autora indica que «la palabra "polvo" toma, claramente, el significado de multiplicidad, pero en hebreo *Aphar* se puede traducir por "fuente de fecundidad", o también "apertura al despertar", principio de evolución… curación!», *cf.* Annick DE SOUZENELLE, *Per una mutació interior,* p. 47.

se hará en el sufrimiento –hasta tal punto el Hombre ha firmado su destino de sufrimientos–, pero se hará:

En el sufrimiento darás a luz a los hijos.[28]

Y se trata, por supuesto, de los Hijos interiores del Hombre, puesto que los hijos de orden animal no constituyen el propósito del relato bíblico. Los sufrimientos no son queridos por Dios, sino que son totalmente provocados por el Hombre, el único responsable.

¡A pesar de todo, el regreso a las normas ontológicas es posible! Porque desde ese instante del exilio –en el que Adán y su Ishah son expulsados (se han expulsado, deberíamos decir) del jardín del Edén y reconducidos a la situación de sexto día–, el Satán diabólico es vencido; en la medida en que se ha apoderado de la cabeza de la humanidad, es vencido por la «simiente de Ishah», YHVH, Cristo en el Gólgota.[29] He desarrollado este tema fundamental en otras obras mías a las que remito al lector.[30]

Sin embargo, me es imposible pasar en silencio sobre este instante divino, grávido de eternidad, que recubre todos los instantes de la Historia. En este instante, Cristo, Yo soy, Hijo de Dios e Hijo del Hombre, en el zenit del amor y en las condiciones más duras a las

---

28. Génesis 3, 16.
29. Génesis 3, 15.
30. Particularmente en *Résonances Bibliques,* París, Albin Michel, 2001, pp. 219-225.

que le sometemos, asume la matriz del cráneo. Primero, en el jardín de *Gethsemani,* el lugar donde se «prensa el aceite», Jesús es aplastado, prensado; de sí mismo extrae el aceite para la sanación de la humanidad, el aceite de la unción que abre el camino.

En aquel jardín de los olivos, Cristo nos reconduce a nuestro jardín del Edén.

Para ello toma sobre sí nuestra carne de exilio, de la que ha revestido el cuerpo para ofrecerlo sobre el altar de los sacrificios, a fin de que resucite cuerpo glorioso y para que nuestra carne recobre su virginidad. Es crucificado.

Descendido a los infiernos del *Guihon* (matriz de fuego) durante su vida llamada pública, ha cortado las cabezas de nuestros demonios interiores. Entonces desciende a los últimos infiernos, los del *Pishon* (matriz del cráneo).

Allí, Cristo asume el cara a cara con el mismo Satán y lo aplasta en su cualidad de cabeza diabólica, en su cualidad de usurpador del principio divino en el Hombre. *Bar-Abbas,* el Hijo del Padre, es liberado; aquel que nosotros somos en *Basar* es liberado: aquel que yacía en su prisión mortal –con esposas en las manos y grilletes en los pies–, ¡es liberado! Con él la potencia del eros en el Hombre reencuentra su eje y su vigor. Pero en su persona, Jesús en el Gólgota va todavía más lejos y entabla con Satán –en tanto que Satán ontológico y adversario necesario– el último «combate»… Entonces, ¡resucita glorioso!

¡Resurrección de la carne! Resurrección del «Hijo de la viuda», del Barrabás que yacía en esa esposa no desposada. ¡Amor loco de Dios por su amada! No hay palabra alguna que lo pueda decir…

Pero, hoy en día, ¿quién es capaz todavía de prestar oídos a estas cosas?

Sepultados en la normalidad del exilio, habituados a vivir los sufrimientos como puniciones divinas ligadas a nuestros pecados y reparadoras de la buena conciencia de nuestro ego, ¡no hemos empezado a vivir la Resurrección!

Y del eros apenas conocemos su rebajamiento en nuestra tierra de exilio, en la carrera desde entonces desenfrenada de su flecha enloquecida.

El mito del exilio consagra un versículo muy discreto a esta aventura del eros: tras comer Adán y su Ishah el fruto ofrecido por Satán, el relato prosigue:

Entonces,

los ojos de ambos se abren; saben que están
desnudos; cosen una hoja de higuera
y se hacen cinturones.[31]

Pero ese texto también puede ser leído:

Entonces,

---

31. Génesis 3, 6.

las fuentes de ambos se abren; saben que están
desnudos; hacen crecer en ellos una subida de
celo y se viven en la periferia de sí mismos.

Esta lectura induce a reflexiones importantes.

Por un lado, la desnudez de la que aquí se trata ya no es la del Adán del séptimo día; aquélla traducía el conocimiento del camino que Adán debía recorrer con su Ishah para hacer crecer en ella al Hijo y conquistar la semejanza divina.

Todo había sido dispuesto para que la dinámica del recorrido llevara este todo hacia su destino ontológico.

Pero la desnudez denunciada en este texto del exilio es totalmente diferente, aunque pronunciada casi de la misma forma: *'Eirumim* en lugar de *'Arumim*. La estructura de estas dos palabras pone de manifiesto, por un lado, que la desnudez ontológica, *'Arumim,* establece una justa relación entre Adán, a quien se le acaba de desvelar su otro costado, y ese mismo otro costado, colmado, en el secreto de sus aguas, de la imagen divina, germen del fruto que Adán debe llegar a ser; y por otro lado, que la «desnudez» en la situación de exilio, *'Eirumim,* ve el hundimiento de esta justa relación y la existencia de un Adán que se ha apoderado del fruto hurtado a Ishah, y de una Ishah violada, que ya no es más que aguas muertas, una matriz despojada del hijo, un femenino estéril.

Adán es identificado entonces con las «ciudades» que en lo sucesivo construirá en el exterior, con los materiales que tendrían que haber construido al Hijo interior, con las filosofías sobre las cuales se cimentarán sus construcciones, con las más grandes civilizaciones que edificará, puesto que cuanto más grandiosas más compensarán la falta de crecimiento del Hijo, que se hará imposible en tales circunstancias. La desnudez, símbolo del conocimiento –aquí, del conocimiento del camino por recorrer–, se ha perdido, a menos que se reconquiste por medio del giro que el amor infinito de Dios no cesará de proponer a su Esposa.

Si bien la palabra hebrea que da cuenta de la desnudez de Adán nos da todas estas claves, la que traduzco por «fuentes» nos aporta también una luz importante sobre nuestra situación de exilio.

El sustantivo hebreo *'Ayin* significa el «ojo» o la «fuente».

Si prefiero traducir esta primera parte del versículo antes citado por «se les abren sus fuentes a ambos», es porque esta acepción de la palabra viene a confirmar aquello que la «desnudez» nos ha hecho descubrir, a saber, la violación del germen divino por parte de Adán, bajo el dominio del Satán diabólico.

En efecto, este germen nos reenvía al secreto de *Basar,* la carne que es fuente, principio de todo ser. Y en *Basar,* recordémoslo, está inscrita la presencia del «Hijo», *Bar,* y del «Espíritu», en la letra *Shin.* Esta carne, a pesar de que en sí misma permanece divina, está desde entonces «abierta» –símbolo de la herida en el talón de Ishah–, y de ella se derraman todas las energías po-

tenciales, empleadas de ahí en adelante en la horizontalidad de la tierra del exilio; sin embargo, la carne forma
en ella los dos polos esenciales que construyen el Hombre del sexto día: su identidad, que, en este estadio, es
el ego, de orden animal –lejana proyección de un «yo
soy en devenir»–, y la potencia vertiginosa del eros. Estos dos polos, que reencontramos respectivamente en
los hemisferios izquierdo y derecho del cerebro, remi-
ten a los dos costados macho y hembra de Adán; tienen
por vocación actuar en una justa relación, pero al de-
rrumbarse la relación ontológica es muy inusual en-
contrarla en este nivel del exilio. Sabemos bien que el
cerebro izquierdo, predominante en Occidente, produce «cabezas bien formadas», pero a menudo corazones
áridos o incapaces de responder a la llamada de la trascendencia en la que se sitúa el verdadero «yo», mientras
que el predominio del cerebro derecho, no ponderado
por su otro costado, puede, llevado al extremo, conducir a la locura. Sin embargo, esta fuerza del eros es la
que, bien conducida, permitirá al Hombre asumir el
exilio en una dinámica recreadora. Le permitirá gestionar sus gozos y sus sufrimientos, pero esencialmente, y
con la ayuda divina siempre presente en el corazón de
las tinieblas más espesas, será la que le permitirá reencontrar el camino de su verticalización y recuperar su
identidad primera.

Estos dos polos surgidos de la carne son para ella como dos iconos que contienen la presencia de su modelo y que pueden reconducir a él; y esto, a pesar de que

Adán haya dado el principado de su ser a Satán; pues, como hemos visto, ya desde el instante del exilio, en el Instante-eternidad, clave de la Historia, que recubre todos los tiempos, Dios ha puesto un límite al poder del Enemigo. Estando este límite puesto, el Hombre es libre de recurrir a él; a cada instante, el Hombre puede ver en el Enemigo al Adversario ontológico y necesario, y, con la gracia divina, vencerlo; o bien, dejarse devorar por él —monstruo devorador de todos los mitos—, confiriéndole el poder y volviéndolo diabólico. Esta libertad de elección precisa de un conocimiento, y, por lo tanto, de un discernimiento justo, que el Hombre ya no puede extraer de sí mismo, sino solamente de los libros sagrados; éstos guardan la memoria de lo ontológico. Sólo cuando se vuelve hacia sí mismo y hacia su núcleo fundador, puede el Hombre verse escrito con la misma pluma que el Libro y puede leer en sí mismo. Su libertad se convierte en conocimiento y el conocimiento lo libera.

Así pues, desde el principio le es dado prorrogar la situación de exilio, o bien efectuar el giro radiante hacia sus normas primeras.

Sin embargo, en ambos casos es conveniente asumir el exilio.

Y la manifestación totalmente nueva del eros en esta situación, puesta en claro en el texto bíblico, está ligada a las túnicas de piel que a partir de este momento recubren a Adán —hombres y mujeres— en esta etapa. Esta «piel», *'Or,* cuyo nombre hebreo está formado por las mismas tres letras que lo «no-realizado» del Árbol del Conocimiento, significa esencialmente la primacía de la inconsciencia humana sobre la memoria ontológica del consciente, primacía que simboliza, por ejemplo, la del rango de primogénito dado a Esaú en el caso de los gemelos Esaú-Jacob. Esaú es el Hombre del exilio; su cuerpo está recubierto de vello,[32] vive en el exterior con los animales del bosque. Jacob vive «en el interior de la casa», lo que significa que su intimidad con lo divino vuelve a estar viva, a pesar de verse obstaculizada, ya que el futuro patriarca, al no ser el primogénito, no dispone en modo alguno de la herencia que le permitiría crecer; por eso la tomará de las manos de Esaú, para asumir la transformación de su ser y la subida mesiánica de Israel.

Todo ser humano en situación de exilio lleva en él esta condición gemelar simbólica, pero las «túnicas de piel» que lo recubren señalan la primacía del Esaú que dicho ser humano es sobre el Jacob que este mismo ser humano ya no sabe ser; ¡trágica primacía de la inconsciencia!

El otro sentido dado a estas «túnicas de piel» está ligado a la cualidad del cuerpo, del cual Adán, en exilio de sí mismo, comparte la textura con las de los animales.

Sin embargo, este cuerpo animal recubre un cuerpo energético mucho más sutil que ha permanecido ontológico, lo que significa que está programado para con-

---

32. Génesis 25, 24-28.

ducir al Hombre a su destino original. Cuerpo energético y cuerpo animal no deberían hacer sino Uno en la dinámica de la vida, puesto que cada miembro y cada órgano, en lo inmediato, expresan, tal y como he mostrado anteriormente, sus respectivas correspondencias a nivel del cuerpo energético.[33]

En situación de exilio, el Hombre, olvidadizo de su destino, establece una discordancia trágica entre estos dos tejidos de su ser y construye íntegramente sus enfermedades, personales y sociales.

Este cuerpo físico animal, desligado en el Hombre de la conciencia del cuerpo energético, es prácticamente identificado con un cadáver por el hebreo:

Dejad a los muertos sepultar a sus muertos,[34]

dice severamente Cristo. Mientras que, ligado al cuerpo energético, el cuerpo animal forma con éste último el templo de Dios.

Pero tal como veremos, aún se puede ir mucho más lejos, porque, encordado por el eros a la carne ontológica, este cuerpo bien trabajado puede hacer vibrar la cuerda hasta sus mismas raíces y convertirse en factor de despertamiento; de forma inversa, el despertamiento puede iluminar el cuerpo.

---

33. *Cf.* Annick de SOUZENELLE, *El simbolismo del cuerpo humano,* Barcelona, Ediciones Obelisco, 2024.
34. Lucas 9, 60.

¡El Hombre, «imagen de Dios» a pesar del exilio, no podría respirar sin la presencia neumófora del Espíritu Santo en su sangre! Desde esta perspectiva, el eros, inscrito ahora en el cuerpo animal, permanece de origen y de finalidad divinas; se manifiesta —dice el texto bíblico— en «una subida de celo» que conocen a partir de este momento, uno frente al otro, no ya sólo Adán y su Ishah en el interior de él, sino el hombre y la mujer —llamada entonces *Hawah,* Eva—, viviendo ambos «en la periferia» de sí mismos, en el mundo exterior. *¡Hawah,* «la viviente», biológicamente hablando, ha perdido el sabor a *Haiah,* «la viviente» ontológica!

Subida de celo, pulsión casi irreprimible del deseo que atrae al uno hacia el otro, macho y hembra, despertar trastornador de la sexualidad; éste es uno de los aspectos sísmicos de este nuevo estado, que, como un ciclón, corre el riesgo de arrebatar el eros y llevárselo «al diablo», con todo lo que el cuerpo energético también querría decir. Y ¿qué querría, pues, decir el cuerpo energético en ese mismo aliento?

Si observamos en el exterior el mundo animal, lo descubrimos capaz de las emociones más ricas, capaz de sentimientos de cariño, de miedos, de cóleras, de amor… Los animales están dotados de un lenguaje remarcable para comunicar entre ellos las informaciones necesarias para su supervivencia. Ellos son imágenes de las Energías divinas increadas. Estas Energías, muy misteriosas, se dan, primero, en las Energías divinas creadas —los mundos angélicos que habitan y recorren todos los niveles de lo real—, después en el mundo animal que conocemos en la inmediatez, así como en el mundo animal interior en nosotros mismos, todo ello religado por un sutil cordón umbilical que viene de arriba. Sólo el Hombre es imagen de las Personas de la tri-unidad divina; y por esta misma razón es sólo él quien posee también el poder de simbolización, es decir, de reconducción de todo lo que conforma la riqueza de su ser animal interior a su dimensión ontológica y, a partir de ella, a todas las dimensiones de lo real, interiores en él. Esta dinámica de realización está únicamente entre las manos del Hombre, ya no atañe a su supervivencia animal, sino a su vida como Hombre, y le conduce a la deificación de su ser así como a la transfiguración del cosmos.

A la luz de ello, lo que el eros del cuerpo energético, programado para su finalidad divina, querría expresar sería una ascesis que, acompañando a la pulsión sexual, la regulara en una escucha respectiva del deseo de cada uno de los amantes, un canto de amor elevándose de uno a otro, gestos de ternura uniéndolos, y, ¡oh Verbo inseparable del Espíritu!, un diálogo; la palabra que clama el devenir «verbo» de uno y de otro no podría estar ausente de su unión. Doloroso mutismo cuando el silencio es vacío, y qué frustrante y destructor, ¡pero bienaventurado cuando es portador de lo indecible! Ciertamente, el diálogo en el que se afrontan con altos riesgos las diferencias de dos seres es capaz de arañar el eros, incluso de herirlo dolorosamente, pero en tal caso también, y gracias a él, de resolver estas oposiciones en una travesía en la que éste es el peaje a pagar.

Al fin y al cabo, cuando el eros pide un diálogo entre los amantes, ya sea dicho o callado en un silencio lleno de significado, invita a una complicidad de inteligencia del sentido creador de su fruición, ¡de esta turbadora fusión del instante que puede ser más colmada de eternidad que todo instante!

Cuando no es vivido en este sentido, el poder del eros está en manos del Satán-Enemigo, que es quien conduce entonces el baile; y el baile puede conducir al Hombre hacia las perversidades más asesinas. No hablaré de ello. Pero con nuestros textos bíblicos y nuestras experiencias de hombres y mujeres, cantaré, como en una partitura a tres voces, los amores humanos, mezclando aquellos que, a pesar de ser animales, pueden construir la obra divina del amor, con aquellos que ya están edificados en la dinámica verticalizante del eros y, finalmente, con aquellos que celebra el banquete de bodas evangélico.

Los unos y los otros no son contradictorios y pueden coexistir a pesar del oprobio con que tantos siglos de cultura occidental han golpeado el cuerpo animal y sus deseos desde su raíz.

Pueden incluso formar un solo ramo, cuyas primeras flores se metamorfosean poco a poco y dan su savia y su perfume a aquellas que se convertirán en gloria de Dios.

VI

El beso

«¡Que él me bese con besos de su boca, porque tus amores son mejores, mejores que el vino!»,[35] exclama la Sulamita.

«¡Tus labios son como un hilo carmesí, oh bienamada, y deseable es tu verbo!»,[36] responde el amante.

¿Existe violencia más abrupta que esta irrupción del deseo de la Sulamita que canta la obertura del *Cantar de los Cantares*?

¿Hay ardor más transformador que esta ebriedad que abrasa al ser en su encuentro con el Otro?

La Sulamita parece ser el alma de *Shlomoh* –el rey Salomón–, o el mismo Salomón, identificado con su alma en su tensión hacia Dios. Célebre por su sabiduría, Salomón lleva en su nombre el sentido de la «realización del Nombre»; ¡no puede acceder a él más que

---

35. Cantar de los Cantares 1, 2-3.
36. Cantar de los Cantares 4, 3.

por sucesivas oleadas y con la respiración caótica del deseo, de los abrazos y de las separaciones! Pero en su nombre está también la pregunta esencial: *shlomoh, she-Lamah:* letra «*shin*, ¿por qué?». ¿Por qué esa flecha del eros? ¿Qué es ella en mí? ¿De dónde viene? ¿A dónde va, si no es a la paz, *shalom?* Pero, temible como un ejército de aguerridos caballeros, ¡sale y me conduce a la guerra! ¡Soy preso de su magia! Cuántas veces el propio rey no confiesa, en este poema:

Sin saber cómo..., mi aliento me ha transportado
sobre los carros de mi noble pueblo...[37]

Y el rey, el Bienamado, ¿no es también, en este cántico, el mismo Dios que, loco de amor, llama a su esposa hacia él, como lo hacen en su Nombre todos los profetas?:

Gírate, vuélvete, Sulamita, vuélvete, vuélvete,
para que te veamos. ¿Qué ver en la Sulamita sino
la danza de dos ejércitos?[38]

Dos ejércitos están aquí, uno frente al otro. ¡Se ha declarado la guerra! No la que nosotros creemos, pobres exiliados que somos, sino «una danza de dos campos», una danza nupcial, que inaugura este beso, a cuyo

---

37. Cantar de los Cantares 6, 12.
38. Cantar de los Cantares 7, 1.

término uno va a devorar al otro, a devorarlo a besos, a integrarlo, a hacerlo suyo. ¡Dios va a darse como alimento a su bienamada!

«Boca a boca», *Pe 'Al Pe,* «aliento a aliento», el beso de Dios es un don del Verbo al Verbo. Moisés puede dar testimonio de ello, pues en la cima del Sinaí recibió la Torá, *Pe 'Al Pe,* en un beso.[39]

Es un beso nupcial el que Dios da a su pueblo, a su «noble pueblo», en su siervo Moisés, *Moshé (HaShem)* «El Nombre», oculto en este hombre amoroso de Dios. La Torá es Alimento divino, el Verbo de Dios, que él recibe y «come».

Más tarde, el profeta Ezequiel deberá comer el rollo[40] del Verbo:

> Y tú, hijo de Hombre, escucha lo que te digo...
> Abre la boca y come..., come el rollo que tienes
> aquí, y ve luego a hablar a la casa de Israel.[41]

Nutrido de Dios, el profeta podrá profetizar, de la misma manera en que el apóstol Juan sólo podrá desvelar las cosas que están por venir después de haber comido el «librito» que le alarga uno de los ángeles del Apocalipsis.[42]

---

39. Números 12, 8.
40. *Nota bene:* se refiere a «un libro enrollado... que estaba escrito por delante y por detrás», *cf.* Ezequiel 2, 9-10.
41. Ezequiel 2, 8 y 3, 1.
42. Apocalipsis 10, 9.

¡Beso del ángel! Súbitamente también, como el beso dado a la Sulamita, llega el beso del ángel. Revestido de pies a cabeza con una vestidura blanca que sólo deja aberturas para los ojos y la boca, en un misterioso cuerpo a cuerpo, el ángel incendia el ser con su beso; a través de él, Dios dispara la flecha de su amor, que se clava en plena garganta y hace arder a aquel que, a pesar de ello, no se consume. Convertido en «zarza ardiente», experimenta un orgasmo desconocido hasta ese momento; ¡plenitud loca del amor![43] Encuentro del «rocío» que se eleva del camino de la semejanza en el Hombre, y del río de fuego, del «río Uno» que se derrama en él; viniendo de Dios, este encuentro es accesible a todo Adán que se gira y se hace Sulamita en su alma;[44] éste recibe entonces, en la medida en que pueda soportarlo, el conocimiento; se convierte en parte del conocimiento dado en este jardín de la fruición, a fin de que él mismo, nutrido de él, lo distribuya.

¿No son ya primicias de este conocimiento el beso intercambiado entre Jacob y Raquel, cuando el joven patriarca encontró a la que se convertiría en su esposa?

Trastornado por ella, «Jacob abrazó a Raquel, elevó la voz y lloró».[45]

Primicias de conocimiento puesto que, bajo la historicidad de este acontecimiento, se desvela una realidad

---

43. *Nota bene:* véase, al respecto, Louis CATTIAUX, *El mensaje reencontrado,* Barcelona, Herder, 2023, libro XXXVIII, versículos 23 a 34.
44. *Cf.* el capítulo IV «Dinámica del eros. El Shabbat».
45. Génesis 29, 11.

más profunda: Raquel es a Jacob lo que la Sulamita es al rey Salomón, su alma, su femenino interior, aquella que, desposada, será fuente de luz y de conocimiento.[46]

¿Acaso no posee ella una belleza maravillosa? La belleza es el ojo del ciclón… Sin embargo, Jacob abre demasiado pronto ese ojo; abre los pozos y abreva los rebaños que guardaba Raquel, antes de tiempo… de acuerdo con el registro que acabo de sugerir, entendamos que el joven cree poder desposar enseguida la totalidad de sí mismo: «él eleva su voz», su verbo, para alcanzar, en lo alto de sí mismo, el conocimiento total ¡y convertirse en Verbo! Primero deberá desposar a *Lea*, la hermana mayor de Raquel, la que está «cansada, fatigada», y que, además, «tiene los ojos enfermos»…, deberá desposar el femenino menos gratificante, incapaz aún de ver y de ser visto, ¡o tan escasamente! Deslumbrado, sin embargo, por la belleza prometida, Jacob besa a Raquel y se pone a llorar; seísmo en el ser que en el encuentro presiente «¡amores mejores que el vino!».[47]

> ¡Ah! Líbrame de las cadenas de tu ternura, ¡oh amor mío!, no me viertas más el vino de tus besos… líbrame de tus sortilegios…,[48]

---

46. *Nota bene:* Louis Cattiaux, prologó *El mensaje reencontrado,* con este verso: «¡Oh Sulamita, mi única amiga, soy tu Salomón solo en el mundo. Sol y Selene en Sal unidos. Salvación de los mitos y Salam de los montes!».
47. Cantar de los Cantares 1, 2.
48. Rabindranath Tagore, *El jardinero,* Buenos Aires, Losada, 2023.

suplica por su parte el poeta indio Rabindranath Tagore, nutrido por una tradición que, más que ninguna, supo cantar desde siempre las uniones divinas y su ebriedad.

Jacob, encadenado por estos mismos sortilegios, proseguirá –desde sus nupcias interiores que acompañan y revelan las de su historia exterior– su camino hacia sí mismo y hacia su Dios. Pero un día,[49] fortalecido por estos amores, ¡tendrá que abrir una puerta de bronce! Lo que tendrá que hacer para ello es temible: deberá ir al encuentro de su hermano Esaú, quien, desposeído de la herencia –tal como hemos visto– y ebrio de odio, quiere matarle. La orden del reencuentro viene de Dios. Aterrado, Jacob permanece solo; una noche del alma lo recubre; ve alzarse ante él a un ser terrorífico, el guardián de la puerta, *con* el cual lucha toda la noche; al amanecer, él es el vencedor; ha vencido en este ser al «otro» dentro de él, al que ha mirado –dice– «cómo habría mirado a Dios».[50] Convertido en ángel a los ojos de Jacob, el ser lo bendice y le da un nombre nuevo: Israel.

Esaú se precipita entonces hacia su hermano y, en lugar de matarle, le da un beso; los dos lloran.[51]

El «beso» es un «arma», y ambas palabras comparten la misma raíz, *Nesheq*, en hebreo; raíz que no es lejana a la del verbo «desear», *Shuq*.

---

49. Génesis 32, 25.
50. Génesis 33, 10.
51. Génesis 33, 4.

Luchar «con» y ya no «contra» es un arma de amor; es más poderosa que todas las armas; es un beso que da vida.

Pero existe también un beso que mata.

En la escena mística, Judas se perfila como la sombra trágica del eros; su beso a Jesús se convierte en el arma homicida.

Cuando, en la situación de exilio, el deseo se pervierte –porque Satán se apodera del arco y la flecha del eros en el Hombre dominado por una pasión–, mata.

La pasión que suscita el eros es el motor de toda una vida.

Pero cuando «Satán hace su nido en ella, entonces el gusano está dentro del fruto y el Hombre enloquece debido a su pasión, que se atomiza en lo múltiple y lo lanza, en lo sucesivo, a una vida contra natura».[52]

Con su beso, Judas traiciona a aquel a quien creía amar; le conduce a la muerte.

Nacido de la tribu de Judas, Jesús morirá a este mundo de la mano de Judas. Entre estas dos «alabanzas», *Yehudah* (el Santo Nombre YHVH adornado de la letra *Daleth)*, entre estas dos «puertas» (letra *Daleth),* YHVH –Yo Soy– pasa, tan sólo para cargar sobre sus hombros al cordero perdido de Israel y reconducirlo al redil. Pero, de vuelta al redil, estamos invitados a entrar en el interior de la Historia, cuya historicidad es la mar-

---

52. Alphonse et Rachel GOETTMANN, *Ces Passions qui nous tuent: diagnostic et remèdes,* París, Presses de la Renaissance, 1998, p. 13.

ca de lo exterior, y a descubrir una lectura más profunda de este texto. Judas, como todo Adán que ignora su interioridad, no cuida de su Ishah, y, al no hacerlo, la deja en manos de Satán.

Y Satán entró en él.[53]

En este sentido, y en el contexto del mundo exterior, Judas es responsable. Pero Dios también está en la interioridad de este hombre, aunque él no lo sepa; y Dios obra en él con Satán. A un nivel más profundo, el libro de Job nos ha preparado para meditar en el misterio de la obra común de estas fuerzas contrarias en el Hombre.[54] Éstas, unidas en la persona de Judas –que será el intermediario de lo divino en el mundo exterior–, conducirán a Jesús al Gólgota, lo cual es necesario. En el orden ontológico recobrado, el Señor obra en todos nosotros con Satán, quien, en tanto que adversario, se sitúa sobre la otra «vertiente», en el otro «costado» de nuestro ser, para revelárnoslo y conducirnos a desposarlo.

El beso de Judas a Jesús es el de Satán al Señor, su señor. No obstante, Jesús y Satán se encontrarán en la matriz del cráneo...

¡Qué misterio el de este beso, que preludia el encuentro *Pe 'Al Pe* de Jesús y Satán!

---

53. Juan 13, 27.
54. *Cf.* Annik de SOUZENELLE, *Job sur le chemin de la lumière,* París, Albin Michel, 1994, cap. IV.

¡Qué misterio el de este beso, que abre la danza de los dos ejércitos…!

¡Qué misterio el de este «beso», que resulta ser el «arma» de la salvación del mundo!

De igual naturaleza que la negación de Pedro, la traición de Judas necesaria para la obra ontológica fue claramente perdonada. El drama de este hombre fue el de haber dado poder sobre él a aquel que se había apoderado de su alma. Haciéndose, por ello, impotente a la visión de la interioridad, ¡no podía sino desesperar!

Detrás de todo acontecimiento trágico del exterior, ¿no hay acaso un sentido ontológico por descubrir, no para justificar lo trágico sino para llevarlo, ahora que está aquí, lejos de su carga de muerte, en el flujo amoroso de la vida? La verdadera realidad no puede ser descrita; sólo podemos experimentarla y observar el silencio…

Sin embargo, en el contexto exterior, ¡cuántos besos semejantes al de Judas se dan en la perversidad de nuestra inconsciencia!

Cuando aquello que creemos ser el amor no es otra cosa que la proyección idólatra de un miserable yo sobre el otro, al cual se exige que no tenga existencia si no es para amarnos, le traicionamos, a él –ella– y a nosotros mismos; este otro, convertido en objeto, negado en sí mismo, es dolorosamente herido, incluso matado.

Pero cuando el aliento divino pasa por las entrañas de un hombre y de una mujer cuya primera mirada intercambiada ha percutido las profundidades de cada uno y se ha encontrado llena del resplandor de su «perla oculta», cuando los «ojos» y la «fuente», en una fulguración incluso todavía inconsciente, no hacen sino uno, el beso prolonga la mirada y anticipa al Verbo, del que sin duda no saben que son aquél en estado de devenir.

La boca –espacio donde el eros hace emerger tanta fruición– es al rostro, compendio de todo el cuerpo, lo que el sexo es al mismo cuerpo. Ambos juegan en una simbiosis indisociable; pero los dientes, ese «cercado de finas perlas», ¿acaso no pueden a veces morder? Entonces, como una puerta enrejada alzada ante la lengua, se hacen monstruo devorador ante el Verbo a no ser que, abriéndose para el beso, se conviertan en promesa de corona… De los ojos brotan la luz del corazón y su ternura hechizadora. De las orejas, la potencia de los riñones; «los riñones mismos florecen en los cabellos»,[55] dice la tradición china. La cabellera, que como los campos de trigo ondula sobre la tierra, invita a la caricia. Campo labrado por el surco del amor, el rostro rebosa de alegría y el cuerpo entero, oreja en el seno materno, ya no es sino grito del Verbo…

¡Es por ello por lo que todo ser, dice la Tradición, no puede sino desear morir en un beso de Dios!

---

55. Annik de SOUZENELLE, *El simbolismo del cuerpo humano,* Barcelona, Ediciones Obelisco, 2024, p. 240.

VII

El abrazo

Cuando la horda animal primitiva se conmueve y hace estremecer lo más íntimo de dos seres que una primera sonrisa ha imantado irresistiblemente el uno hacia el otro, que un primer beso ha lanzado al abismo de una trascendencia desconocida, ¡la naturaleza empieza a interpretar un concierto del cual ellos dos ya ni saben quiénes son los músicos! ¡Locura!

¡Locura afiligranada en el canto del abrazo!

¡Júbilo nupcial!

Tanto si se trata del abrazo de los amores humanos del rey Salomón con la Sulamita como del que unió a Salomón con su «hermana-prometida» en su interior, ambos toman su fuente en «la tierra donde se encuentra el oro», que es también la «tierra prometida». En esta «tierra prometida» reconquistada, el rey se embriagará de los amores divinos y se convertirá en reina ante su Dios, único Rey.

Una sola fuente; una sola cuerda vibrante de la que el Hombre en situación de exilio a menudo lo ignora todo acerca de los nodos y los vientres que propagan sus ondas. De ahí el vacío en el que se precipitan los dos amantes enlazados por el primer nodo de la cuerda.

El abrazo los transporta más allá de sí mismos; les parece que su cuerpo mágicamente tetanizado pone un límite a su ardor; presienten que otro cuerpo sería capaz de tomar el relevo en ellos, pero no sin morir a éste; otra sangre, capaz de embriagarse en él; otro corazón, ¡capaz de latir la medida insensata! ¿Pero cuál?

Un nuevo espacio se abre; ambos se precipitan en él, maravillados y adoloridos al descubrir una cima detrás de la cima alcanzada, y todavía otra…

El tiempo se anonada. Surgen espacios infinitos, que vuelven transparentes el uno para el otro a estos dos seres desfallecientes y agrandados el uno por el otro; por un instante, viven la experiencia de que el todo, cuya realidad fugitiva no pertenece sino al único estado de resurrección, es posible, como si el transporte amoroso los transportara en efecto a un tiempo anterior a su exilio, o más allá de él, «allí donde ya no hay miedos, ni males, ni tormentos, ni suspiros, sino la vida eterna». Este poema, cantado para nuestros difuntos, no les resulta extraño de tan intensa que es la muerte que viven a lo que antes era banalización de una cotidianidad vacía del otro para cada uno. Cada cual se hace arpa entre los dedos del otro para extraer una sola música de los dos sonidos que se elevan. Los místicos viven esta experiencia. Trasladado al registro amoroso, eso también es verdad para dos amantes cuyas caricias, prodigadas sobre los relieves sensibles del cuerpo, pero también del alma, ¡suscitan un canto, una danza, un éxtasis! El semblante del otro refleja la belleza primera del mundo. ¡Aquel –aquella–, que se sumerge en ella es entonces revestido de su propia infinitud!

¡Plenitud del instante capaz de devenir eternidad!

Sin embargo, ¿qué freno ponerle a este torrente de fuego que se vierte en el amante sin arriesgarse al rechazo destructor, si el abrazo liberador no se puede realizar? Cuando el cataclismo se desencadena, se desata astutamente desde los riñones un alud que desciende con furor hasta el extremo de los dedos de los pies, arrasándolo todo a su paso. La ética de los «es necesario que, sólo hay que», llevada por el torrente, dislocada por él, no tiene dominio sobre él. Sólo un diamante puede cortar un diamante; ¡únicamente el amor puede prender en el amor y salarlo entonces con otro fuego!

Porque este fuego es sagrado debido a que es salvaje.

Lo sagrado participa de la naturaleza del arcaísmo más puro o de los arquetipos reconquistados.

El amor es el fuego del aliento que va de uno a otro de estos dos polos de vida.

Cuando es compartido en el abrazo, hace estremecer y cantar al cielo y a la tierra.

Aun así, hay octavas que separan este canto del abrasamiento de los seres de aquel con el que Dios llama a cada uno; sin embargo, la misma melodía las contiene a todas; cuando el amante vibra al sonido de esta melodía en la soledad sobrepasada, se abre entonces al oído total en que se ha convertido su cuerpo, en una nueva octava que le vuelve a introducir en sus normas primeras. Si vibra en ella en plena comunión con el otro, una misma y misteriosa alquimia opera la transmutación de la pareja, puesto que en el surgimiento del verdadero eros, una octava despierta sus resonancias en otra y en otra más… que a su vez pueden convertirse en notas fundamentales sin extinguir las primeras, incluso iluminándolas, aunque no puedan ser interpretadas sobre el mismo modo.

Según un cuento sufí, una vieja mujer, maravillada de oír a su esposo tocar siempre la misma nota en su «ney», se sorprendió, a raíz de un concierto dado en su pueblo, de que la música proviniera de una multitud de notas producidas por numerosos músicos, a lo que el hombre le respondió: «¡Sí, querida, ellos aún buscan!…».

En esta misma búsqueda, el bienamado del *Cantar de los Cantares* invita a la Sulamita a no estancarse en el deslumbramiento de una experiencia de la que ignora la densidad, ante la maravilla de su primera transparencia, sino a verticalizarse para fondear en sus capas profundas y dejarse emerger en otra luz:

Levántate amada mía, hermosa mía, y ve hacia ti…[56]

---

56. Cantar de los Cantares 2, 13.

«Ve hacia ti», le repite algunos versículos más adelante con una insistencia muy significativa, que se hace eco de aquella con la que Dios movilizó en dos ocasiones al patriarca Abraham, fundador de Israel.[57] En nuestra lengua, ninguno de estos versículos da razón de este esencial «ve hacia ti», sin duda incomprendido por sus traductores, pero, sin embargo, muy presente en los textos hebreos.

«Ir hacia sí mismo» implica la exigencia de las nupcias interiores de aquel –aquella– que escucha la llamada; estas nupcias son, en sí mismas, muertes y resurrecciones sucesivas, mutaciones, para las que sólo una nueva calidad de amor capacita, porque:

[sólo] la fuerza del amor hace posible
la mutación,[58]

afirma este mismo cántico.

Es por ello por lo que tanto la Sulamita para Salomón como Sara para Abraham al inicio de sus respectivos grandes viajes al interior de sí mismos no son sino «hermanas» aún no desposadas por aquel que apenas empieza a girarse hacia sí mismo, hacia su *Ishah* interior.

---

57. Génesis 12, 1; 22, 2.
58. Cantar de los Cantares 8, 6; generalmente traducido per «el amor es más fuerte que la muerte».

Me has arrebatado el corazón,
hermana prometida mía,
me has arrebatado el corazón
con una sola mirada.
¡Qué hermosos son tus pechos,
hermana prometida mía!
¡Qué deliciosos son tus amores,
más que el vino![59]

Un jardín secreto eres, hermana prometida mía,
Un manantial cerrado, una fuente sellada
… ¡la fuente de mi jardín![60]

Entro en mi jardín, hermana prometida mía,
cosecho mi mirra y mi bálsamo,
como mi panal con mi miel,
bebo mi vino con mi leche![61]

El lenguaje bíblico no martillearía expresiones como éstas con tanta fuerza si no quisiera desvelar en nuestros corazones un sentido más profundo del poema: «mi hermana-prometida», *'Ahat Calah* en hebreo, también se puede traducir por «mi totalmente una». *'Ahat,* la «hermana», también es el femenino del número cardinal «uno», que es uno de los Nombres divinos, por-

59. Cantar de los Cantares 4, 9-10.
60. Cantar de los Cantares 4, 12.
61. Cantar de los Cantares 5, 1.

que sólo Dios es Uno. Pero el Hombre, llamado a la semejanza, también está llamado a recuperar la unidad de la que ha nacido, ¡en la nonada! En su cualidad de esposa de Dios, debe convertirse en Una. Pero no puede llegar a serlo si no es desposando en sí mismo, en imagen –tal como hemos visto–, su otro costado, 'Ishah, aquella con la que construirá su total unidad. La palabra hebrea *Calah,* traducida por «prometida», también es el adverbio «totalmente». El bienamado del *Cantar de los Cantares* se maravilla ante la visión de aquella que le permitirá alcanzar su total unidad.

Se comprende entonces por qué nuestros hermanos judíos acogen cada semana el Shabat como a una «prometida», siendo la retirada divina –también lo hemos visto– un retraimiento del Padre para que el Hijo crezca en el Hombre. Y el Hombre no puede hacer crecer al Hijo si no es yendo hacia sí mismo, desposando a su «hermana-prometida», ¡su «totalmente una»!

¿Acaso Adán y su Ishah no deben convertirse en «carne una», en carne divina, estado de Semejanza?[62]

Para ello, la palabra hebrea *Calah* perfila un tercer y temible sentido, el de la «destrucción». El siguiente capítulo de esta obra, titulado «La ruptura», aclarará este noble y áspero camino hacia la semejanza, que el nuevo sentido de esta palabra no puede excluir.

Pero volvamos durante un instante al sentido estricto de «hermana-prometida», que ilumina los labios del

---

62. Génesis 2, 24.

bienamado. Esta *Ishah,* ¿no había sido como arrebatada por la serpiente del Génesis, violada por ella, vaciada del fruto de sus entrañas y desviada de Adán?

Los mitos de la humanidad lloran, en todas las tradiciones, a esta hermana arrancada de su familia por un hombre, incluso por un dios, y a menudo violada por él: entre los griegos, Helena, Hele, Europa y tantas otras, en busca de las cuales se movilizan los hermanos y se inician guerras, se emprenden las increíbles expediciones que ya conocemos para reconquistarlas.[63] Entre los hindúes, ¿acaso no vemos a Sita, esposa de Rama, héroe del *Ramayana,* arrebatada por los dioses y tan fervorosamente buscada por él? En Egipto, ¿acaso no desposaba el Faraón a su hermana? Y, ¿cuántas mujeres de la Biblia –Sara y Rebeca en particular– no son presentadas por sus respectivos esposos como sus «hermanas», a pesar de ser ya sus esposas, en su cualidad de «Eva», según el mundo?

Todos estos esposos saben que su «Eva» es la mujer del primer tejido de su ser, pero que la mujer interior, su hermana reencontrada y ahora desposada, les abre a un brasero totalmente diferente que tejerá de fuego su última unidad; ella es entonces su *'Ishah,* «la» fuego.

Uno es símbolo del otro, y «sólo hay símbolo si la materia del símbolo es a la vez real y digna del objeto

---

63. *Cf.* Annick de SOUZENELLE, *Œdipe intérieur,* París, Albin Michel, 1998, pp. 25, 28-29, 50, 67. *Cf.* la traducción castellana *El Egipto interior o las diez plagas del alma,* Buenos Aires, Kier, 1999.

simbolizado»,[64] dice Jean Bastaire cuando se acerca a la obra del cisterciense Dom Jean Leclerq intitulada *Le Mariage vu par les moines au XIIᵉ siècle.*

Estos monjes, dice el cisterciense, afirman que «en el momento en que los esposos son dos en una sola carne, se da en ellos una sola e idéntica operación del Espíritu Santo: mientras se encuentran enlazados por los lazos de su unión exterior, es decir sensible, esta acción invisible del Espíritu Santo los inflama con un mayor amor interior hacia las realidades celestiales».[65]

Atrevámonos a reanimar el aliento de estos monjes que tantos siglos de espíritu jansenista han apagado. Osemos afirmar con estos hombres de Dios que Eva es exactamente primicias de Ishah, aunque sea la sombra proyectada de ésta; símbolo de Ishah, Eva puede reconducir a ella; y ellos mismos, hombres y mujeres, Ishah de Dios, ¿no son acaso fuego de los amores divinos? ¡Un solo canto, un solo amor, me atrevería a decir! ¡Pero cuán a menudo la gravedad esconde la gracia y a veces la destruye! Y la gravedad pesa mucho en nuestro Occidente modelado desde hace siglos, como un barro, por las manos contundentes de religiosos ignorantes de su misión real: conducir al Hombre a religarse a sí mismo.

---

64. Jean BASTAIRE, en *Le Monde,* viernes 5 de agosto de 1983, p. 12. *Nota bene:* véase al respecto *El mensaje reencontrado* de Louis Cattiaux (Barcelona, Herder, 2023), libro II, versículo 44: «Cuando el símbolo es una realidad, es imposible descubrirlo sin la ayuda de Dios».

65. Dom Jean LECLERCQ, *Le Mariage vu par les moines au XIIe siècle,* París, Les Éditions du Cerf, 1983, p. 162.

Y es que otro texto, y no uno cualquiera, aporta ¡ay! un eco diferente, pero cuán sabroso, de estas cosas. Se trata de «la búsqueda del Grial» que tanto movilizó al Occidente cristiano de la Edad Media, cuya belleza última revela con la misma fuerza la desoladora y siempre actual comprensión de nuestros mitos:

> Tan pronto como Adán y Eva hubieron comido
> el fruto –dice el texto–, se miraron y se vieron
> desnudos, descubrieron sus miembros
> vergonzantes y sintieron vergüenza
> el uno del otro.[66]

¡Lástima que hoy en día no se enseñe sin vergüenza a nuestros jóvenes, como se hace en la India, por ejemplo, el comercio amoroso de los Hombres bajo la mirada de los dioses!

Imagen de las bodas del cielo y la tierra en el corazón del exilio, el amor es una celebración litúrgica. Sus gestos obedecen a un ritual innato, que religa entre ellos a los amantes, pero que también religa a cada uno de ellos con el interior de sí mismo, con esa inmensidad donde se hunden sus respectivas soledades. En este límite, el más cercano, el más íntimo, se convierte en el más lejano, ¡hasta incluso en el extraño! ¡Y la soledad de uno no puede exigir que sea el otro quien la colme!

---

66. *La Quête du Graal,* París, Éditions du Seuil, 1965, pp. 245-246.

Los amantes no pueden enlazarse si no es dejando suspendida un instante el arpa que cada uno de ellos es para el otro, como lo hicieron los deportados de Sión en los sauces del país de exilio, en este caso, en el Árbol de la Vida que florece con flores de respeto y de silencio. Sin embargo, cuando emerge la gracia en el vacío de este silencio, los amantes oyen la llamada del bienamado en las mayores profundidades de sí mismos; abrazan a su *Adamah,* de quien les había separado su situación de exilio, pero de la que cada uno de ellos había empezado a nacer, ¡hace ya tanto!

> Bajo el manzano, te despierto –dice entonces el bienamado–, ahí donde tu madre te ha infantado, donde tu madre, en el dolor, te ha alumbrado.[67]

Allí donde cada uno de ellos descubre entonces a «una hermanita», a una hermana pequeña que les espera, aunque «sus pechos aún no se hayan formado»;[68] una parte nueva de ellos mismos que todavía no está preparada para las nuevas nupcias, pero que lo estará.

Un fuego nuevo los unirá, un fuego

> que los torrentes no podrían apagar,
> que los ríos no podrían anegar...[69]

---

67. Cantar de los Cantares 6, 5.
68. Cantar de los Cantares 8, 8.
69. Cantar de los Cantares 7, 7.

El fuego de una sal que da sabor a la vida y hará de ellos la luz del mundo… El fuego de un amor «secreto» –*Sod*– que, al igual que el sodio de la sal, ¡hace arder el agua!

Aquel –aquella– que deviene fuego de este amor conoce entonces un rapto, un rapto contrario al de Satán, porque, no siendo más que uno con su Ishah, es transportado a una embriaguez extática por el amante divino.

> ¡Oh, Jesús, mi Amor! –exclamaba santa Teresa de Lisieux, enardecida sobre el camino de este fuego vivo–, por fin he encontrado mi vocación; mi vocación es el Amor… es necesario que se abaje hasta la nada y que transforme en fuego esta nada…[70]

Más adelante, la carmelita se compara, en su escrito, con un pajarito:

> No soy un águila, sólo tengo de ella los ojos y el corazón, y a pesar de mi extrema pequeñez, me atrevo a mirar fijamente al Sol divino, al sol del Amor, y mi corazón siente en sí todas las

---

70. Santa Teresa de Lisieux, carta del 8 de setiembre de 1896 a su hermana María del Sagrado Corazón, manuscrito B 02. *Cf.* Santa Teresa del Niño Jesús, *Manuscritos autobiográficos (Historia de un alma)*, [traducción del R. P. Emeterio G. Setién de J. M.], Burgos, Tip. El Monte Carmelo, 1959, pp. 323 y 324.

aspiraciones del águila... Mi locura consiste en
suplicar a las águilas, mis hermanas, que me
obtengan la gracia de poder volar hasta el Sol
del Amor con las propias alas del Águila divina...[71]

Enferma de amor como la Sulamita, Teresa se embriaga en las ubres divinas como antes gozó, en el seno materno, de sus primeras embriagueces. Todo ser guarda la memoria de esta iniciación al amor y busca reactivar dicha fruición, a veces mediante hundimientos en sueños oceánicos, en ese caso homicidas, a veces en transportes amorosos locamente inconscientes, en contadas ocasiones en uniones no menos locas pero conscientes, ¡y aun más raramente en viriles santidades!

Sin embargo, a lo largo de esta cuerda «endiablada», tendida de Babel a la Jerusalén celestial, cada uno vive en ella los vientres y los nodos en busca de una misma locura: el amor.

Loca de amor, Teresa es llevada por las alas de la gran Águila que forzará las puertas del cielo para introducir a la Reina en la cámara del Rey.

---

71. *Id., ibid.*, pp. 329 y 333.

VIII

La ruptura

He abierto a mi bienamado, pero dándose
la vuelta, ¡había desaparecido! Su partida
me ha hecho entregar el alma...,[72]

exclama la Sulamita que, colmada, se encuentra entonces en el umbral de un «séptimo día».

Elohim destruye en este día, el séptimo, la obra
que ha hecho... y, en ese día, el séptimo, se retira
de toda la obra que ha creado para hacerla.[73]

¡*Calah*, la «prometida», se convierte aquí en el verbo «destruir»!

---

72. Cántico de los Cánticos 5, 6.
73. Génesis 2, 2-3.

79

La esposa vuelve a convertirse en «hermana-prometida». Dios destruye el «hacer», una parte de la obra ya cincelada amorosamente, ya realizada. Porque –¡oh Sulamita fundida ya en el horno del amor divino!–, ¿cuántas escorias de plomo tendrán que deshacerse todavía entre las manos del divino Forjador antes de que éstas no construyan tu última belleza?

Para ello, «Dios se retira *(Shabat)* de lo creado para hacer», para realizar más cumplidamente, para conducir a su bienamada hacia unos esponsales más elevados. De hecho, no es sino al ritmo de esta respiración divina que late el corazón de la Creación y que ésta entra en la Historia. No se trata aquí de nuestra historicidad, que sólo se manifiesta en situación de exilio, sino de nuestra verdadera Historia, la que subyacerá siempre a la historicidad, sin tener que ser confundida con ella, tal como el modelo no debe serlo con la imagen, ni el arquetipo con el símbolo. En este sentido, la historia del *Cantar de los Cantares* es esencialmente la de los «engendramientos de los cielos y de la tierra»[74] en el interior de Salomón, es decir, la de los alumbramientos interiores del rey a partir de las nupcias «de lo húmedo y de lo seco», «de lo no realizado y de lo realizado» en él; bodas inseparables de aquellas que unen a la Amada de Dios con su Dios.

¿Una tierra se realiza? La hora de un séptimo día sonará pronto para que una nueva tierra emerja de sus cielos.

---

74. Génesis 2, 4.

¡Misterio del amor!

Maximalismo del eros divino, esta retirada del Amado ante la «otra», su amada, para que devenga ella «misma», decía más arriba. Pero en esta apertura, ¡la amada «entrega su alma»! Proyectada hacia la nonada de sus abismos, descendida hasta ella –diría santa Teresa de Lisieux–, la Sulamita es arrebatada a sí misma por la violencia del deseo:

> Le busqué, mas no le hallé, le llamé,
> mas no me respondió; me encontraron
> los centinelas que rondan la ciudad; me
> golpearon, me hirieron; los centinelas
> de las murallas me quitaron el manto. Os conjuro,
> hijas de Jerusalén, si encontráis a mi bienamado,
> ¿qué le diréis? ¡Que estoy enferma de amor![75]

El Espíritu Santo hace de la amada de Dios un alma aún más viviente, llamada a aproximarse aún un poco más a su Nombre secreto, y, por eso, la hace capaz de entrar más profundamente en el horno del río de fuego divino.

Todas las tradiciones conocen ese misterio temible del «séptimo día». *Sheb'a,* el número «siete» en hebreo, ¿no remite acaso al nombre del dios *Shiva* de la Trimurti hindú? Shiva, con una sola de sus miradas, destruye todo lo que no pertenece a la eternidad. ¡El de esta mi-

---

75. Cántico de los Cánticos 5, 6-7.

rada divina es un fuego purificador, implacable e infinitamente tierno!

No ignoro que las raíces semánticas de estas dos palabras, tan parecidas en su ser y en su función, provienen de corrientes lingüísticas diferentes; parecen pertenecer ante todo a los materiales del lenguaje de esta Historia esencial, más que a los de nuestra historicidad, ¡cuya obra crítica no podría criticar el modelo!

Sabo'a –la misma palabra hebrea que el número *Sheb'a*–, es el verbo saciar, desbordar, tener en abundancia. Una perfección, *Tom,* es alcanzada, la cual implica una muerte, *Met,* del ser a aquello que era, a fin de que vaya más lejos, puesto que la vida es dinamismo incesante. ¡Estas dos palabras hebreas –*Tom* y *Met*–, construidas con las mismas letras, son una misma energía y expresan este movimiento único y fundamental!

¿Era gozo, la beatitud serena de la Sulamita?

¿Es felicidad, la felicidad convertida en hábito?

¿Conoce el amor, el alma humana que no sabe subir los escalones del amor?

¿Es un Hombre, el Hombre que no desea ir «hasta el final de sí mismo»?

¡El ser es un devenir cada instante del cual está hecho de eternidad velada! Quitar los velos del alma, como el amante los de su amada, ¡es el único sentido de la vida! La desnudez es entonces la que la ontología de Adán nos ha hecho descubrir: *'Arumim,* recordémoslo, nos revela la justa relación que une los dos lados del ser, uno ya «desvelado», *'Er,* que participa de lo «realizado-luz», y el otro todavía en las «aguas», *Maim,* grávidas del Nombre, ricas del Hijo en proceso de devenir. Cuando ambos lados se unen, el desvelado es entonces arrojado hasta sus mayores profundidades, incluso maltratado, golpeado, herido, como lo es Salomón, Sulamita para su Dios. Pues ella debe morir a lo que era; se encuentra con los «centinelas de las murallas» revestida todavía de todos los apegos que ella creía que constituían el amor.

Despojada de su manto tejido con el saber adquirido del exterior y con los conocimientos nacidos del interior, alcanza una nueva desnudez. Martilleada sobre el yunque divino, no entrará en la «ciudad nueva» si no es en consonancia con su luz, con su canto y con la transparencia de su tierra.

El mito de Noé nos dice que el patriarca vivió todo esto en su «arca», en su interioridad. Muere con el cuervo, para resucitar con la paloma, tantas veces como sea necesario, hasta que todo esté realizado... Retomaré este fabuloso relato para meditar con el lector sobre la subida de la savia del Árbol del Conocimiento, ligada al eros. Pero ya desde esa primera aproximación al mito sentimos cuán ligados están la desnudez de Noé, su ebriedad y el secreto de su fin –que sin duda no es ningún fin–, a la obra que los alquimistas llaman «obra al negro»[76] del cuervo. *'Arov,* el cuervo –objeto de la cuarta plaga de

---

76. *Nota bene: opus nigrum,* «obra al negro» o «nigredo». Véase al respecto Emmanuel d'Hooghvorst, «Ensayo sobre el Arte de la Alquymia», en *El hilo de Penélope,* Tarragona, Arola, 2006, pp. 261-289.

Egipto–,[77] es inseparable de *'Ereb,* el anochecer, sin el cual ninguna mañana podría conocer aurora alguna. Noche del alma, sumergida en las aguas de lo no realizado, en las tinieblas del desconocimiento, para ir hacia *Yah,* hacia YHVH; *Layelah,* ¡tal es el nombre de la noche!

Sin embargo, cuando una noche el patriarca Jacob tuvo el sueño de la escalera que reposaba sobre la tierra y subía hasta el cielo, ésta se le manifestó como el contrario absoluto de la torre de Babel.[78] El mito de Babel se inscribe en los tres relatos del exilio: el de la integración del fruto del Árbol del Conocimiento dado por Satán –ligado a la fruición–, el del homicidio de Caín, celoso de su hermano Abel –la posesión–, y el de la torre de Babel –el poder–. Dirigidas hacia Dios y su reino, estas tres energías fundadoras del ser y de su nobleza son arquetipos. Rebajadas a la horizontalidad, en la situación de exilio, pero guardando su eje, son nobles y sus funciones icónicas; pero desviadas de su eje obedecen a una lógica de fracaso, incluso de muerte. Nacidas en este caso de la carne violada, conducen al Hombre hacia el sufrimiento y la muerte del «Hijo de la viuda», de la que he hablado antes.

En Babel, la torre, «construida con los ladrillos» del saber,[79] reposa sobre la vanidad humana en busca de

---

77. *Cf.* Annick de SOUZENELLE, *L'Égypte intérieure ou les dix plaies de l'âme,* París, Albin Michel, 1991, cap. 7, p. 96.
78. Génesis 28, 10-22; 11, 1-10.
79. «Saber» adquirido per vía exterior, que opongo al «conocimiento» que es adquirido en el curso del camino de realización.

«renombre»; desafía al Creador del mundo con sus técnicas más osadas; su pared es lisa y se erige bajo el impulso de una sola y arrogante subida. La escalera que Jacob ve reposa sobre el Nombre YHVH, que espera al patriarca en la cima de su ser, al mismo tiempo que en su fundamento, donde silenciosamente germina el Nombre secreto de Israel. Para subir la escalera, cada uno de los escalones implica una ruptura con el peldaño que le precede... descenso hacia la Nonada, retorno al germen, del que sólo el crecimiento conduce al renacimiento, acceso a un nuevo nivel. A lo largo de la escalera, los ángeles suben, ¡pero también bajan!

El joven Jacob acaba de dejar a su padre y a su madre cuando tiene este sueño. Pérdida del amparo de un primer amor, abandono de un eros forjado en el fondo del vientre de su madre y después sobre el terciopelo de su seno. Embriaguez de la leche materna recogida en la humedad del pecho; memoria de una beatitud infinitamente dulce y siempre anhelada, como hemos visto; pero todo crecimiento precisa de sucesivas separaciones. Jacob sólo abandona el hogar de su infancia para construir el de su interioridad y seguir obedeciendo al «ve hacia ti» de su abuelo. Bajo el símbolo de estas nupcias humanas, va hacia su Ishah. El Padre y la Madre le esperarán en cada etapa del camino. Una nueva Sabiduría e Inteligencia le esperan en cada nuevo peldaño de la escalera. El Padre y la Madre, que validan la Realidad de cada nivel alcanzado, también tendrán que ser dejados atrás. Dejar atrás, *'Azob,* sin esperar a tener la fuerza de dar el salto a lo desconocido, a veces incluso hasta lo inaceptable, ya que del salto surge la fuerza, *'Oz.* Pero sobre todo saber reconocer la hora prescrita en la que debe inscribirse el impulso; vigilancia, «ojo al acecho» de este instante frágil, el más frágil de todos, y grávido del devenir de «Yo soy», el Nombre.

«Yo soy» sólo es real si el Hombre no permanece estancado en el pesar del instante pasado; sólo se da en el abandonarse a todo lo posible, en la ebriedad bebida en la copa de la amargura. ¿No fue acaso una copa de amargura la que tuvo que beber Jacob, cuando, más tarde, en la noche de bodas, descubrió en su lecho, en lugar de a su bienamada Raquel, la llena de belleza, a Lea, la poco agraciada hermana mayor?

Ruptura, trastorno –lo hemos visto–, pero para el patriarca, Lea tenía que ser su primera «Una», la primera etapa de su unificación interior. Su obediencia al padre, icono del Padre, era incontrovertible.

Más cercana a nosotros es esta historia leída el otro día en un periódico: delante de su casa, presa de las llamas, una familia se reagrupa petrificada de horror, sobre todo cuando ven que el hijo pequeño, de unos seis años, no está con ellos… De repente, se abre la ventana del último piso:

— ¡Papá, papá, socorro!, grita el niño.
— ¡Salta!, le dice su padre, que se coloca, apuntalado en la esperanza, bajo la ventana.
— ¡Pero papá, no puedo, no te veo!

— ¡Yo sí que te veo, con eso basta, salta!,
le dice su padre.

En cada ruptura deberíamos hacer como el niño que se lanza al vacío donde le esperan los brazos del Padre.

Si no vuelves a ser un niño…

El exiliado que somos no escucha este precepto.

Aferrado a sus valores del mundo, a lo que cree ser verdad, justicia, amor, seguridad, actúa como un integrista a lo largo de toda su vida, negándose a morir a su prisión mental que, aunque odiosa, ¡es tan pusilánimemente suya y da aparentemente tanta seguridad!

Job es el prototipo de ello; se adormecía en la autosatisfacción narcisista de un primer yo que, acomodado por la buena conciencia del justo, en el sentido moral del término, se hundía en el lodo de sus logros. Pero «¿acaso la verdadera moral no se ríe de la moral?», decía Pascal. Job lo experimenta a su vez:

¡Yo estaba en paz, Dios me ha quebrado!… Me
ha agarrado por la nuca y me ha hecho añicos.
Abre en mí una brecha tras otra y arremete
contra mí como un guerrero…[80]

Amado por Dios, Job es arrancado de su empantanamiento mortal de hombre del «sexto día», pero, absorto en su sufrimiento, no ve tampoco en ello naci-

---

80. Job 16, 12-14.

miento alguno. Destruido y justificándose sin cesar, quiere emplazar a Dios ante el tribunal de su justicia –cuyo ministerio es, a sus ojos, infalible–, inclinar el cielo a sus propios valores y salir victorioso de esta lucha desigual. ¡Aún no sabe que la victoria, aquí, está en la derrota, y que su fuerza residirá en su debilidad!

Apaleado, destrozado, despojado del manto de todas sus certidumbres, Job va hacia sí mismo. Su esposa, su Eva, sobrepasada por su actitud, le había dicho: «¡Maldice a Dios y muere!». Acabemos con ello, pensaba ella. Pero este mismo texto hebreo leído en su profundidad es también revelador del decir de su Ishah interior:

Bendice a Dios y muta,[81] le aconseja ésta...

Job escuchará a su Ishah y, con la fuerza del amor, mutará.

Os arrebato la paz, os doy mi paz, la mía,[82]

dice Jesús, que vive lo que pide vivir a los demás: apaleado, destrozado, despojado también él de su manto por los últimos «centinelas de las murallas», los soldados de Pilato,[83] va hacia su resurrección y hace liberar

---

81. Job 2, 9. *Cf.* Annick de SOUZENELLE, *Job sur le chemin de la lumière*, París, Albin Michel, 1994, pp. 71-72.
82. Juan 14, 27.
83. Mateo 27, 26-31.

a *Barabbas,* el «Hijo del Padre» que somos todos nosotros. Muerte y resurrección, arquetipo de toda mutación y haciéndolas todas posibles, desde el principio hasta el fin del exilio, más allá aún, porque mutar es de orden ontológico. Amor loco de Dios por su Amada, dije más arriba. ¡Pueda el amor de la Amada despertar ante esta poderosa conmoción y reconocer la Resurrección en la profundidad de la muerte!

Ya no tienen vino,[84]

le dice María a Jesús, en el discreto lenguaje del interior de las cosas, en las bodas de Caná.

La fiesta se ha echado a perder, aunque la embriaguez de los invitados no les permite percatarse de ello. El jardín de la fruición, que casi se confundía con el del Edén de tan abierto como se mostraba ante los dos esposos maravillados, se ha vuelto a cerrar ahora sobre el abismo de lo insaciable. Aquellos jóvenes no sabían que su sexualidad juvenil tiene sabor de infinito y que, confundida con el eros, ¡llevaba en su finalidad una exigencia de absoluto!

Decepcionados el uno del otro, habiendo proyectado el uno sobre el otro, respectivamente, esta exigencia de un infinito inalcanzable, permanecen sedientos sobre la playa del deseo que ninguna embriaguez puede colmar; dejan entonces que la horda primitiva animal que los

---

84.   Juan 2, 3.

89

habita sin que todavía lo sepan, muerda y desgarre al otro. Este «otro», que no conocen en sí mismos, se objetiva en el inaceptable otro exterior convertido en el extraño, en el intruso que surge ante ellos, temible y crucificador. El conflicto se erige, falaz; las cosas no dichas se acumulan; el verbo, aquel que nutría al eros, se derrumba a no ser que no se convierta, con la violencia, en el cuchillo que mata.

Ya no tienen vino.[85]

El amor que unía a estos dos seres, ¿era acaso el amor hacia el otro, o el otro inconscientemente no era más que el objeto-espejo del narcisismo de uno?

Y sin embargo, en la primera mirada intercambiada entre ellos, en el fondo de los ojos de cada uno, iluminados por la perla oculta en sus profundidades inconscientes, ¿acaso no habían percibido ese infinito del eros? Sí, hasta el punto de prometerse el uno al otro de por vida.

Pero confundieron el infinito de una necesaria verticalización de cada uno, para conquistar la perla, con la perpetuidad de su compromiso en el tiempo lineal.

No crearon el «santuario del yo-tú», como llama Martin Buber a esta intimidad cerrada sobre el misterio de cada uno, pero abierto al infinito de las cosas. Sin embargo, es sólo en este santuario donde se puede eri-

---

85. Juan 2, 3.

gir la obra de arte que requiere el eros; no se construye sino en el presente, lejos de los rencores, de los «me debe esto», de los «mañana irá mejor», alejándolos de lo que verdaderamente permite que el todo posible del otro acontezca a cada instante. Si este otro no es un «yo soy en estado de devenir», ¿quién soy yo mismo?

El otro nunca es reductible al análisis que hacemos de él; el análisis disloca y el títere dislocado pierde su alma; cosificado, se convierte en un personaje separado de su persona y del Verbo que la fundamenta, ¡un ser que deja de ser y al que no se podría amar!

Entre los antiguos, la «persona» era la máscara teatral detrás de la cual se escondía el ser del actor para no ser más que el de la representación. ¿No es acaso hoy en día urgente descubrir, tras la máscara del Hombre que actúa en el teatro del exilio, a la verdadera persona?

¡Misterio de los encuentros! Aquel –aquella– al que la vida me ha ligado, ¿no esconde acaso detrás de su máscara la imagen que me reenvía a ese «otro» en mí al que debo descubrir? ¿No interpreta acaso sobre la escena del mundo, y sin saberlo, el juego divino del que desprendo algunos colgajos? Aunque extraños y perturbadores, estos pingajos me interrogan. ¿No llegan a mi corazón para darme a luz a mí mismo? Si las rupturas no me conducen a esta cuestión esencial, son mortíferas.

Martin Buber llama «el mundo del *eso*» al mundo objetivado, sin alma, y dice:

> El Hombre que ha establecido con el mundo del eso un compromiso fundamentado en la experiencia y la utilización impide que se realicen el sentido y el destino de las cosas; en lugar de liberar lo que está encerrado en el mundo del *tú*, lo reprime; en lugar de contemplarlo, lo observa; en lugar de acogerlo, se sirve de él.[86]

Me gustaría añadir que en lugar de permitir a la crisálida estallar bajo el sol de su amor, la aplasta.

Manipulación del otro, cuando la relación que no ha sido establecida con ese «otro» dentro de mí no puede serlo con un «tú».

¡Ya no tienen vino!

Una única solución a esta situación en el teatro del exilio: dejar caer el telón; se ha terminado un primer acto; entonces se levanta el telón con otro decorado, objeto del segundo acto; y con otro más… Los actos se siguen, el otro cambia, es otro personaje, pero *yo* no cambio. La obra se acaba; se ha reído, se ha llorado mucho; las parejas se han sucedido, las promesas de fidelidad, una tras otra, se han evaporado. De hecho, ¿a quién se debe permanecer fiel, si no a uno mismo, a aquello que es la propia persona? Mientras no tenemos acceso a ello, la ley pone el implacable freno del matrimonio a la pulsión de lo que creemos ser el eros; ésta, muy a menudo, la amordaza y la justifica con el único

---

86. Martin Buber, *Je et Tu*, París, Aubier, 1963, p. 67.

fin de la procreación. La fruición entonces no saciada se compensa con embriagueces destructoras más o menos disfrazadas, o bien con devociones religiosas que reconfortan al personaje del héroe que uno interpreta para sí mismo, prototipo de toda virtud, héroe «insensible, cruel despreciador de toda debilidad, de todo fracaso humano. Despiadado con quienes no sufren con él la frustración impotente».[87]

Todo conflicto es entonces enmudecido tras esa pantalla de pureza y la institución carcelaria se convierte en tumba, hasta el día en que la tumba puede estallar bajo el empuje salvaje de una pasión que arranca a uno de los dos moribundos del hedor del tiempo vacío de eternidad. ¡Insensata audacia! ¡Trágico riesgo! En ocasiones, naufragio de la institución. Pero de este ciclón, que mezcla lo puro y lo impuro, se puede salir engrandecido.

En este sentido, el matrimonio es sacramento cuando hace los «esponsales» en busca de la perla oculta en cada uno.

En Caná, la perla está allí. Jesús, presente en el corazón de la ruptura, está allí; hace traer seis jarras y pide que sean llenadas de agua. Muestra a los jóvenes que han dado un traspié hasta aquí, estancándose en el seis, a las puertas del siete (séptimo día) jamás traspasadas, que chapotean en el «agua», pero que nunca han reali-

---

87. Christos Yannaras, *Variations sur le Cantique des Cantiques*, París, Desclée de Brouwer, 1992, p. 82.

zado lo «seco»… ¡Es hora de mutar! Y Jesús, «séptima jarra», dicen los Padres, transforma el agua en un vino más exquisito que el que ha manado hasta entonces. Y este vino no se agota…

Es el «dinamismo extasiado de la relación» –dice todavía Martin Buber– el que conduce al uno y al otro a la verdadera fecundidad del Hijo del Hombre en cada uno. Jesús era la presencia ignorada aun cuando manaba el primer vino. Aunque interpretado en el teatro del exilio, el eros no tiene libertad si no es en esta apertura del ser, cuando su flecha, uniendo amorosamente a los seres a su paso, o a veces separándolos, pero con el mismo amor, los atraviesa, en cualquier caso, para hacer la carne Una…

Jesús y la Samaritana se encuentran en el pozo de Jacob. Ambos tienen sed. Allí donde en otro tiempo Jacob, «enfermo de amor», había llorado al conocer a Raquel, allí donde habían intercambiado su primer beso, Jesús y la Samaritana, muriendo de la misma sed, se detienen; ella, piensa en el agua; Él, en el amor, y para ello, «dar a esa mujer un agua que se convertirá en ella en un manantial que brotará hasta la vida eterna».[88]

Ella, sorprendida, no lo comprende, pero Jesús detecta en ella, como con las seis jarras de Caná, a los seis hombres que se han sucedido en su lecho. En el transcurso de aquel banquete, ¿acaso esta mujer no amó mucho, y con qué exigencia, para haber tenido que

---

88. Juan 4, 14.

romper, no saciada, cada relación, una tras otra? Todo ocurrió como si, hasta entonces, hubiera sacado agua de otro sitio que no era de sí misma, sin tregua, en una búsqueda casi obsesiva por encontrar... ¡la perla! Jesús está ahí, permanece fuera y se la revela en su interior; séptima jarra, da a esa mujer un vino nuevo, fuente de verdadera embriaguez. La Samaritana se convierte, toda ella, en flecha del eros, que recobra, desgarrada de amor, el camino de su verdadero blanco; corre por toda la ciudad a anunciar la buena nueva.

Pero Jesús permanece allí solo, con su sed del amor de los Hombres; esta sed será su último grito sobre la cruz.

Esta sed de amor, este grito, no lo hemos oído aún. Sólo quizás unos pocos lo han hecho y, entre ellos, como la Samaritana, aquellos cuya ley no ha amarrado el cuerpo ni ha hecho del eros una prohibición; aquellos que con la Sulamita se han expuesto a las cimas y a las caídas, a los éxtasis y a las lágrimas, a las muertes y a las resurrecciones... ¡Arriesgarse al amor!

IX

Fruición y conocimiento

Yad'o en hebreo es el verbo «conocer», pero también «amar»; es el verbo del que se sirve el relato bíblico para expresar el conocimiento que dos seres adquieren el uno del otro; sus amores más sensuales. Amor y conocimiento son indisociables. En esta palabra, *Yad* es la mano, y la letra *'Ayin,* que da el sonido terminal «o», es el ojo o la fuente. El conocimiento penetra a través del ojo y de la mano; es experimental.

Es sólo al acceder a la fuente de sí mismo, al término de sus muertes-resurrecciones, cada etapa de las cuales le abre el corazón a una nueva visión-inteligencia, cuando el Hombre aprehende lo real con una proximidad tan cercana como alejada… ¡perturbadora! Ve al bienamado; es visto por él, amado, y ¡totalmente desposado en *Calah,* «la prometida»! Toda la visión que tenemos de las cosas, por parcial que sea, remite únicamente a ésta. Ir a la fuente es ir a extraer esta visión-conocimiento con la «mano»; aquí se trata, como he dicho, de un conocimiento experimental, vivido, no intelectual, que pide simbólicamente cerrar los ojos (incluso las orejas, y todos los sentidos) al mundo exterior para abrirlos al mundo interior y obrar en él. Es por ello que son numerosos los héroes míticos, como Edipo y Tobías,[89] o históricos, como Sócrates o el apóstol Pablo, que se ven afectados por la ceguera para ir hacia esta totalidad del propio interior. Esto no significa que lo sensorial inmediato sea opuesto a la interioridad, puede incluso ser el mediador, pues toda «cosa» que recibe su ser del «Verbo» es reconducida a él; a pesar de ello llega un momento en que su pregnancia, tan poderosa en situación de exilio, corre el riesgo de ocultarlo, lo que implica una necesaria y total interiorización. En este momento, el corazón toma el relevo; es el maestro de la «forja». La mano y el ojo se hallan, ambos, en estrecha correspondencia con el corazón; la mano lo prolonga al nivel del tórax –la matriz de fuego (la forja)– y el ojo lo expresa al nivel de la cabeza –la matriz del cráneo–. El ojo y la mano se interrelacionan hasta tal punto que hoy en día se sabe que en la punta de los dedos hay células visuales y que el ojo está dotado de un tacto a veces acariciador, a veces duro, incluso homicida.

---

89. *Cf.* Annick de SOUZENELLE, *Le féminin de l'être,* París, Albin Michel, 1997, pp. 147-152; *Œdipe intérieur,* p. 66.

Sólo se conoce a través del corazón; y la expresión «aprender de memoria»,[90] aunque en parte ha perdido su sentido, da a entender, sin embargo, su origen.

También se puede decir que *Yad'o* es el «ojo» de la letra *Yod*, que introduce el Nombre Santo, YHVH. Conocer revela ser, pues, una ventana abierta dentro de nosotros por el Nombre, por ese más allá del yo inmediato que somos en estado de devenir y que permite a ese yo recibir la luz para ir hacia ese devenir.

Conocer revela, pues, ser una función del núcleo fundador, una función de la carne, *Basar*.

En el corazón de esta palabra, recordémoslo, la letra *Shin* ש, potencia del eros, da crecimiento al Hijo *Bar*, savia del Árbol del Conocimiento del cual será el fruto. Este ascenso del conocimiento, tan íntimamente ligado al eros, actúa en varios registros.

A nivel ontológico, opera en el corazón del jardín del *'Eden*, en el corazón del jardín de la fruición. Este jardín, del que he hablado antes,[91] es en Adán –en todo ser humano– el espacio de encuentro de dos deseos, de dos amores, el del Hombre por su Dios y el de una infinita locura, pero de una discreción igualmente absoluta de Dios por el Hombre; es también el espacio donde se realizan en el Hombre sus bodas consigo mismo, entre los dos polos del Árbol del Conocimiento que él es; conocimiento de lo realizado-luz de su Nombre ya deve-

---

90. *Nota bene:* en francés, «apprendre par coeur».
91. *Cf.* el capítulo VI «Exilio del eros».

nido, y de lo que todavía permanece sin realizar en sus tinieblas interiores. Esta gran obra, doble y única, es el objetivo de la alquimia de toda verdadera vida, cuyo atanor es el jardín de la fruición.[92]

'Eden, «fruición», es una palabra construida con tres letras que, giradas y expresando la misma energía, forman el verbo *Nad'a,* «conoceremos».

Fruición y conocimiento se muestran decididamente indisociables, ¡y ambos son dirigidos por el eros!

El hebreo es el ineluctable canto del Verbo, cada nota del cual desvela las profundidades del corazón a través de cada una de sus letras. Me atrevería a decir que cada letra es una carta de amor que si permanece cerrada es, como sabemos, un mensaje perdido y, sin duda, una cita perdida; pero si la dejamos cantar y bailar su mensaje, nos conduce al encuentro con nosotros mismos, un poco más lejos en el camino de nuestras profundidades, hacia el Nombre. ¡Y esto también el eros lo abandera!

'Eden – Nad'a, «fruición» y «conocimiento», ebriedad y desnudez, van entonces juntas y en pie de igualdad, en este jardín donde se enlazan. Ebrio y desnudo está el Hombre que lo recorre. Ebrio y desnudo está Noé al salir del arca. En oposición al diluvio, donde la anarquía de las aguas llega a su punto álgido, la fruición de

---

92. *Nota bene:* Respecto a la alquimia, véase Emmanuel d'Hooghvorst, «Ensayo sobre el Arte de la Alquymia», en *El hilo de Penélope,* Tarragona, Arola, 2006, vol. 2, pp. 261-289.

la ebriedad y la desnudez que es conocimiento total revisten a Noé.[93]

La anarquía —etimológicamente: la abolición de los «principios», de los modelos—[94] es la separación de toda cosa del Verbo que la fundamenta; es la «peste», *Deber*.

Pero Noé se ha convertido en *Dabar*, «Verbo». *Dabar* y *Deber*, la misma palabra hebrea con sonoridades diferentes, ¡se dan trágicamente la espalda! Nada tiene ya sentido en este mundo diluviano; todo es *absurdo* —«lo que viene de la sordera»—, sordera al Verbo de Dios presente en toda cosa. La fruición ontológica, la de Noé, es lo opuesto; es *inaudita* —lo que todavía no ha sido «oído», escuchado— ¡y la que da sentido! Me aventuro a hacer un fácil juego de palabras sugiriendo que la fruición ontológica permite «disfrutar del sentido», incluso «oír el sentido»;[95] permite exultar de gozo al leer la Historia que subyace bajo la historicidad, al sentir latir el corazón de las cosas, al descifrar lo oculto, al re-

---

93. *Nota bene:* El santo patriarca, al salir del arca, puede cantar con el profeta: «¡Oh mi Señor secreto, todo mi progreso en ti eres tú mismo que lo realizas en mí, y mi desnudez es mi único ornamento ante tu esplendor!», *cf.* Louis Cattiaux, *El mensaje reencontrado,* Barcelona, Herder, 2023, libro XIV, versículo 47'.

94. *Nota bene:* Del griego *anarkhía,* término formado por el prefijo *an,* «sin», y *arché,* «principio».

95. *Nota bene:* La autora propone el juego de la semejanza léxica y sonora que se produce en francés entre las palabras «jouir», disfrutar, y «ouïr», escuchar, una proximidad que sin embargo no se produce en la lengua castellana.

constituir el rompecabezas de lo que estaba esparcido, al levantar los velos de la esposa…

Este trabajo se hizo poco a poco en el arca –la matriz de fuego en Noé– que Dios había pedido al patriarca construir después de haberle anunciado:

> He aquí que la realización de toda *carne* viene ante mi faz, pues la tierra está llena de violencia que viene de su faz [la de los Hombres] y he aquí que destruyen la tierra.[96]

Podemos entonces comprender por este texto que Dios va a poner un término a la violencia destructiva de los Hombres, haciendo aparecer ante ellos la violencia que está en ellos; toda *carne* confrontada a estos acontecimientos será verificada: aquel que, en el amor, haya empezado a hacer crecer en él al Hijo del Hombre, entrará en el arca; pero aquel que destruye la tierra será destruido; ésta es la ley que se desprende de aquella otra, más fundamental aún, según la cual el Adán, imagen de Dios, es Uno; lo que él hace al otro, objetivación de su «otro» profundo, le es así igualmente hecho, no por punición, sino por el hecho mismo de la realidad ontológica de las cosas.

La *carne* está aquí en el corazón del diálogo de Dios con el Hombre:

---

96. Génesis 6, 13.

esta gloria que eres, tú, ¡mi hermana-prometida!, pregunta Dios a su amada.

Esta verificación es el objeto de la Pascua del pueblo hebreo.

Pues, cuando «el exterminador» lleva a cabo la décima plaga de Egipto, destruye a los primogénitos y a los animales de los egipcios nacidos en primer lugar, homólogos de aquellos Hombres del diluvio, pero «pasa por encima» de la puerta de los hebreos, marcada con la sangre del cordero, siendo los hebreos, históricamente, los Noé del mito.[98]

«Pasar por encima», «exentar» es el verbo *Pasoah,* del que ha derivado la palabra «Pascua». Lo que había sido dicho en el mito de Noé se realiza en su tiempo a nivel del pueblo hebreo y hoy en día se hace realidad para todos los pueblos. A nosotros nos corresponde meditar estas cosas que la historia del diluvio nos dice en primicias y de la que prosigo el relato: Noé es, pues, invitado a construir esta arca habilitando una ventana por la que serán enviados afuera, y de forma sucesiva, un cuervo y una paloma. Este vuelo de los pájaros, en el lenguaje del mito, tenía como finalidad informar a los habitantes del arca acerca del estado de las aguas en el exterior y, pues, sobre el momento en que podrían confiar en

---

97. Tradición sumeria.
98. Éxodo 12, 23, 35.

poner el pie en lo seco. En la realidad de las profundidades, estos dos pájaros son dos aspectos del Espíritu Santo de Dios, las dos manos del «Forjador divino» que aseguran el trabajo de realización del patriarca en el interior del arca, su Ishah de fuego.

Con el cuervo, Noé desciende hacia sí mismo, hacia sus tinieblas, para dar nombre a sus energías no realizadas y trabajarlas; éstas, transmutadas, se convierten en informaciones-conocimiento. Ebrio de este conocimiento integrado en él, Noé sube con la paloma un peldaño de la escalera interior; construye lo «seco», una «tierra nueva»; se abre en él un campo de conciencia en el que Dios deposita su gracia y hace fructificar la tierra. Nutrido en abundancia del «verdor y los frutos de esta tierra nueva», Noé vuelve a descender a sus «cielos», a sus aguas interiores, a esas que no son diluvianas, que poco a poco se secan. Peldaño a peldaño, Noé sube la escalera santa y se abre en sí mismo a distintos niveles de lo real, cada vez más sutiles. En el exterior, dice el mito, las aguas se retiran, la tierra reaparece… Noé va a poder salir del arca convertido en Hijo-Verbo totalmente realizado; por medio de un justo trabajo ha integrado el último fruto de la última tierra conquistada, la tierra prometida; su ser entero se ha vuelto fruto del Árbol del Conocimiento. Ebrio y desnudo, pues, se dirige ahora hacia una última matriz, simbolizada por la tienda donde le espera *'Elohim*. La «tienda», *'Ohel* en hebreo, es aquí el espacio misterioso de la matriz del cráneo, donde, convirtiéndose entonces en *el 'Elohim* que estaba llamado a devenir, se encuentra con su Dios. Sin duda, Noé muere en un beso. Postreras nupcias de las que nadie puede hablar.

De lo que sí que podemos hablar es de lo que sucede dentro del arca y de lo que puede experimentar todo ser humano cuando se gira hacia su interior. Se trata de los cara a cara que el Hombre debe asumir con sus demonios. Este encuentro no se puede realizar sin el previo anclaje en el núcleo divino de las profundidades y, por lo tanto, sin la presencia divina que da la fuerza. Esta presencia es para los hebreos la de la «Espada», la de YHVH; y para los cristianos es la de Cristo; pero sea cual sea su nombre en todas las otras tradiciones, esta presencia es esta Espada que el Hombre empuña ante el demonio. La fuerza de la Espada permite a quien la empuña, a quien la tiene en la mano, ver en este temible monstruo —puesto que eso le parece monstruoso— no al enemigo a abatir, sino al adversario a integrar; adversario que se mantiene sobre el costado (sobre la «vertiente») no realizado del ser, y que hasta el momento le ha seguido el juego a Satán, que es quien dirigía entonces la obra; es una de las cabezas tentaculares del Diábolos (esas cabezas son «legiones», revelan los Evangelios).[99] Pero Satán, devuelto a su función de adversario ontológico, ante la potencia de la Espada y la del Espíritu Santo, no tiene ningún poder sobre el Hombre. Si el Hombre anclado en esta fuerza no se la da, si,

---

99. Lucas 8, 30.

como hace Jacob, «lo mira como si mirara a Dios», entonces la Espada atraviesa al demonio y le da la vuelta; éste se convierte en luz-conocimiento, en el ángel que es en su profundidad ontológica, pero que no es reconocido como tal por el Hombre hasta el término de este combate. Recordemos, en efecto, que se trata de un combate; el *Cantar de los Cantares* nos lo ha revelado: dos ejércitos se enfrentan, ¡pero su combate es una danza!

> ¿Qué ver en la Sulamita sino la danza
> de dos ejércitos?,[100]

exclama el bienamado.

Esta guerra es una danza nupcial.

Para vivirla, quisiera volver a lo que no hacía más que apuntar en el capítulo de «El abrazo», y decir aquí con claridad que el fuego de esta guerra, aquel «que los torrentes no podrían apagar», es el amor; está simbolizado por la sal; el elemento sodio de la sal que inflama el agua, mientras que el elemento cloro le permite diluirse en el agua.

La sal, *Melah* en hebreo, está formada por tres letras, la primera de las cuales, *Mem,* indica la procedencia, la segunda, *Lamed,* el destino, y la tercera, *Heit,* la «barrera». *Melah,* la sal, viene de una misteriosa fuente, y está destinada a una función privilegiada en el levantamien-

---

100. Cántico de los Cánticos 7, 1.

to de esta barrera. La barrera es el lugar del combate, el lugar donde se yergue el «viviente». Esta palabra, *Heit*, la «barrera», ha dado su nombre a la letra *Heit*, el ideograma primitivo de la cual es una barrera. Este viviente hace de barrera; es la energía no realizada que se presenta para el trabajo de realización. No realizado en sí mismo, es temible, ya que, al no estar todavía integrado, es sentido como un no-yo, por lo tanto, extraño; pero viviente no realizado y además en manos del Satán-enemigo, es aterrador, y es visto con nuestros ojos de exiliado como el enemigo a abatir.

La guerra está entonces declarada. Pero la «guerra», *Milehamah*, es simplemente «la sal del agua», *Melah Mah*.

Presente en las aguas de nuestros océanos, en las de nuestro suero sanguíneo, en el líquido amniótico, océano-cuna de toda vida humana, finalmente también en nuestras lágrimas, la sal es presencia de las «aguas de arriba» en las «aguas de abajo» descritas en el segundo día del Génesis y que los hebreos denominan, respectivamente, *Mi* y *Ma*, a saber, las interrogaciones ¿quién? y ¿qué?

¿Quién es aquel de arriba *(Elohim)* que ha hecho qué abajo *(Adam)*?,[101]

---

101. *Nota bene: Cf.* Annick de SOUZENELLE, *El simbolismo del cuerpo humano,* Barcelona, Ediciones Obelisco, 2024, cap. 1; *La Palabra en el corazón del cuerpo,* Buenos Aires, Creavida, 2018, p. 232; *La paraula al cor del cos. Converses amb Jean Mouttapa,* Barcelona, Fragmenta, 2022, p. 236; y *Al-*

dice la tradición mística judía.

¡Qué misterio, en efecto! *Mi* y *Ma* son homólogos de los Yang y Yin chinos; haciendo referencia a su justa relación, nos está permitido decir que el *Mi* está en el *Ma* como el *Ma* estaría eternamente presente en el *Mi*. La sal es fuego del amor divino en nuestras aguas interiores de abajo, pero también, de forma muy tangible, en el exterior.[102] Es la que ritma las mareas, levanta las olas de los océanos, hace latir el corazón del Hombre, impulsa toda cosa del Verbo hacia ella y de ella hacia el Verbo; asegura la respiración de cada una de nuestras células. Ella me salvó.

Ya tuve ocasión de contar en una de mis obras que, cuando tenía cinco años, la sal me salvó. Sumergida hasta lo más arcaico de mí misma en la prueba que golpeó a mi familia, viví la experiencia de los infiernos a una edad en la que el niño no ha adquirido estructura alguna que le permita, desde lo más hondo de la experiencia, el arranque del vuelo de la paloma. Queriendo protegerme de la tormenta que sacudía a los adultos, mis padres me pusieron en un internado, lejos de mi ciudad natal, lejos de mi querida nodriza, en la escuela de las religiosas que se habían encargado de la educa-

---

liance de feu. *Une lecture chrétienne du texte hébreu de la Genèse,* París, Albin Michel, 1995, vol. I, pp. 50-51.
102. *Nota bene: Cf.* Cattiaux, Louis, *El mensaje reencontrado,* Barcelona, Herder, 2023, libro XII, versículo 46': «Dios está más cerca del hombre que de ningún otro cuerpo terrestre, excepto la sal de la tierra».

ción de mi madre; pero aquellas pobres mujeres no sabían cómo acompañar un drama de niñez que mis padres ni siquiera habían llegado a poder imaginar. La incompetencia de los adultos de esa época era total; un niño no era visto más que como un animalito incapaz de sentir; era tal la inconsciencia de sus funciones mentales que según ellos el niño sólo debía obedecer a sus manipulaciones, a veces tiernas, a veces crueles, otras tiernas y crueles a la vez. Para aquellas religiosas no conectadas consigo mismas, en quienes la maternidad reprimida en los rincones más asépticos de su ser imprimía una máscara dura, la niñita que yo era debía empezar sus clases, aprender a leer y a contar, en el hielo de una total desprotección. Pese a todo, al caer el día, esa niña pasaba toda la noche aterrorizada, petrificada ante de uno de los señores de los infiernos. Durante el día, me recubría el universo helado del convento.

Fue entonces cuando la salvación me vino del refectorio, donde, sobre cada mesa, estaban dispuestos los saleros. Todavía me veo –aún cuando me separan más de setenta años de aquellos días horribles– devorando la sal.

Instante de eternidad, sin duda, aquel que, memorizado sin esfuerzo, ¡me hizo tragar la sal, como más tarde me tragaría los Evangelios o la Torá! Y no pienso que estos dos momentos sean ajenos el uno al otro. Comparten el amor y su poder de metamorfosis del alma, del que la sal tiene el secreto.

No creo poder decir que esta «guerra» la haya ganado, pero con las sucesivas tomas de conciencia que han construido mi vida, hoy en día me habita una certeza: el ángel que me dio a comer la «sal del agua», *Milehamah,* me permitió ganar la primera parte, poniendo entre yo y el «monstruo» una frontera que éste no pudo franquear y que no podía ser sino divina –del orden del *Mi*–, habida cuenta de la desigualdad absoluta de las fuerzas presentes. Otra certeza: un día seré llamada a asumir la segunda parte de la «guerra»; tendré que revivir aquel cara a cara para integrarlo en mi ser; por tanto, mi vida no es más que un armisticio, cuyo tiempo me es dado con la sola finalidad de adquirir aquella «fuerza del amor capaz de las mutaciones» –la fuerza del *Mi* que simboliza la sal–, para hacer mío, en un beso nupcial, a aquel que le pareció monstruoso a la niñita de cinco años, pero que sospecho que es el «guardián de las murallas» del amor infinito.

De esa época también me queda un recuerdo desgarrador, el de una sensación, puesto que no estaba en situación de poder formular cosa alguna, pero una sensación, sí, de que todo ser humano, cualquiera que fuese, formaba parte de mí. Por ello durante toda mi infancia me sentía despellejada viva cuando una palabra malintencionada hería a alguien. ¡Admirable pureza de la infancia! Desgraciadamente, perdida tan deprisa por la adulta que aún hoy ha de luchar para no cargar con el peso de la severidad, e incluso de la malevolencia, de un corazón que evidencia no estar todavía preparado para retomar las armas… del amor total. Sin embargo, la certeza está ahí y también la experiencia del poder del amor.

Por eso vuelvo a mi asombro ante la sal y su doble poder: en un primer tiempo, el de poner el límite entre luz y tinieblas; después, en un segundo tiempo, el de integrar una parte de estas tinieblas en la luz, porque al término de esa temible experiencia, que hubiera podido acarrear un desmoronamiento patológico, la gracia divina me envolvió en una luz de cristal.

Cuando la potencia del eros crepita en el Hombre, ésta hace salir el elemento divino de su reserva, y la sal por debajo, en las «aguas de abajo», opera su magia; depura lo no realizado de forma similar a lo que sucede en las salinas, donde, después de haber pasado por cocederos y tajos, bajo el fuego del sol, la sal de las aguas-madre cristaliza de repente: ¡emergencia radiante de la luz! El límite que separa la luz de las tinieblas es llevado entonces más lejos, y este hecho se da en el cuerpo humano a nivel de todas las células. Me he referido a ello en *El simbolismo del cuerpo humano,*[103] apoyándome en la vida de la célula Israel a nivel del gran cuerpo adámico, ya que la misma ley opera en todos los niveles; constituida por el polo luz por parte del patriarca *'Abraham* –padre fundador de Israel–, esta célula pone en *Lot,* «el velado», su polo tinieblas, aún no realizado. La separación de los dos campos se realiza en un primer tiempo en torno al «mar de sal», *Yam Melah.* La gran marcha que condujo a Abraham y a Lot desde Caldea hasta Pa-

---

103. Souzenelle, Annick de, *El simbolismo del cuerpo humano,* Barcelona, Ediciones Obelisco, 2024, pp. 244-247.

lestina preparó esta «célula» para la gran obra que iba a vivirse en torno al mar de sal. Al llegar el momento del levantamiento de la esterilidad de Abraham, ésta se decide en la relación del patriarca con Lot por medio de la purificación (cristalización) del país de este último; Sodoma y Gomorra, «la subyugada», son destruidas por el fuego; Lot y todos los suyos son invitados a marcharse y a refugiarse en una montaña que les es indicada, y sin mirar atrás. En un momento de la ascensión, desobedeciendo esta orden, la mujer de Lot mira hacia atrás y es transformada en una estatua de sal. Nuevo límite. ¡Nueva sabiduría! En la célula-Israel, el polo luz se agranda, el polo tinieblas se estrecha. El gran cuerpo adámico registra un conocimiento irreversible.

Cuando la potencia del eros conduce al Hombre a ir hacia sí mismo y hacia Dios, y por tanto hacia estas mutaciones sucesivas, fuentes de luz, el conocimiento entonces adquirido se inscribe en cada célula de su cuerpo, y el cuerpo entero se ilumina. Cada célula se encuentra enriquecida con este conocimiento, que se convierte en una cualidad de ser connatural en el conocedor; es memorizado por él sin esfuerzo; el conocedor no aprecia ninguna dificultad para recordar, contrariamente a lo que exige de él la memorización de un saber adquirido por la vía exterior. La escuela, la universidad, los libros… nos aportan un saber inestimable, pero este «haber» proviene de una función mental que, si bien no está desprovista de un poder de transformación, no deja a pesar de ello de ser en sí misma extraña al ser. Señalemos, sin embargo, que en este simple nivel del exilio, donde el conocimiento no tiene otra vía de acceso que ésta, la integración y la memorización del saber obedecen, cual sombra proyectada, a la misma ley ontológica, y se dan aun con mayor facilidad si existe una justa relación afectiva (una justa transferencia) entre el maestro y su discípulo. Cuando el discípulo es «cosificado» –no considerado en su persona y entonces rápidamente manipulado–, sufre un bloqueo ante la disciplina enseñada.

Pero esta vía de conocimiento, por muy bien vivida y valiosa que sea, sólo comporta en sí misma una sabiduría muy relativa que le permite gestionar el objeto del conocimiento; se trata entonces de la sabiduría que, por medio de las leyes religiosas o cívicas y de las morales, pone un mínimo de orden en el mundo hecho presa de las seducciones del Satán diabólico, pero que no por ello permite salir de las categorías de este mundo trágico. Aquí tocamos el punto álgido del drama del exilio que reside esencialmente en el hundimiento de la relación ontológica establecida por Dios entre Adán y su «otro costado», su Adamah-Ishah, entre el Hombre y su interioridad. ¡Se trata del derrumbe de la sal! El mar de sal ¿no es acaso llamado hoy «mar muerto»? Quizás podríamos meditar sobre esto…

Sólo volviéndose hacia sus normas primeras y, por tanto, hacia su interioridad, puede el Hombre restablecer la justa relación entre el conocimiento integrado por la vía interior –inseparable de la sabiduría que le es inherente– y el saber adquirido en la escuela. El saber falto de sabiduría puede llevar al Hombre a temibles locuras; al no conocer límites, el Hombre actúa entonces cual Ícaro; quema las alas artificiales que le da su saber y se ahoga en las aguas del exilio y de su fatuidad narcisista. La verdadera sabiduría no se puede adquirir a través del saber exterior. No la inculca el estudio de las filosofías más elevadas. Nace de nuestros nacimientos interiores y sólo ella, «flor de sal», atesora el secreto del límite; por un lado, como hemos visto, del límite entre los dos polos de toda célula, que una vida iluminada por el amor divino y movilizada por el deseo del Hombre por su Dios establece de forma absolutamente natural; por otro, del límite, e incluso de la frontera, entre los dos «ejércitos», el de quien está conociendo y el del objeto a conocer, los cuales, a cualquier nivel en el que se produzca su encuentro, deben llevar una guerra justa el uno *con* el otro y no contra el otro. Esta noción de «límite» podría abrir un inmenso capítulo que no tiene cabida en estas páginas. Sin sobrecargarlas, me gustaría tan sólo compartir con el lector la enseñanza que el hebreo nos da de su nombre: *Soph,* el «límite», construye el verbo *Yasoph,* que significa «aumentar». El hebreo nos advierte así de que no podemos crecer si no es aceptando los límites que le son propios a un espacio de crecimiento; de ahí los compromisos necesarios, la elección, la fidelidad a esa elección, las ascesis... en una palabra, las sabidurías inherentes a cada etapa de la realización del ser.

En ese marco exigente y paradójicamente liberador de la sabiduría, el verdadero conocimiento adquirido del interior desposa al que la escuela le aporta. Todo objeto de conocimiento sólo puede ser con el Hombre la pareja de una danza nupcial en el jardín de la fruición.

En tierra de exilio, el justo aliento del eros aportado al conocimiento –aquel que, en la postrera exhalación del eros divino, se ampara de lo más íntimo del Hombre– hace cantar al corazón conforme a una música ya del todo personal, aunque a menudo el Hombre ignora aún a su persona. Pero en esto consiste el milagro del eros; y la música toma cuerpo en una creación que la creación artística privilegia muy particularmente.

El artista es entonces partícipe del cielo y de la tierra; a menudo molesta, incluso revoluciona las costumbres; su visión no es la de los demás hombres, y preludia la de una realidad que sólo roza pero que su persona conocerá. Recordemos la conmoción que causaron los impresionistas en su época y hasta qué punto revolucionaron la pintura; cómo un Bourdelle, infundiendo el movimiento en la escultura, trastocó ese arte, y cómo todos ellos obligaron al Hombre a cambiar de mirada, una mirada que encauzaron hacia la interioridad de las cosas… Sin embargo, hoy en día el artista se define por el grado de escándalo que genera su obra; pronto ya nadie se escandalizará, dado el temor que provocaría pasar por alto a un eventual genio… Genio del «sin rostro», que se inmiscuye ahí donde toda belleza se deshace. Pero la belleza renace de la muerte. El amor divino hace resucitar toda cosa, y toda cosa se reunirá con el Verbo que la fundamenta en su belleza postrera. Canto y danza, colores y poemas, en el auténtico artista todo hace revivir al niño; se acuerda entonces del cielo que le bañaba en el vientre materno y lo redescubre en el alma de la flor más pequeña. Empieza a ser el alquimista de su ser y aquel que da al mundo poder de transfiguración. Si es movido por el aliento del eros, ¡su arte puede hacer la obra a la vez que obrar al artista, incluso forjar en él a su persona!

En su vocación primigenia el Hombre es cocreador del universo del cual hoy, en situación de exilio de sí mismo, ignora el potencial infinito; ignora lo real oculto bajo la corteza aparente y aparentemente inerte de lo real inmediato; no sospecha que el campo de batalla donde está llamado a desplegar la conquista de sí mismo es también aquel en que se desplegará toda la paleta de lo real, un universo loco que el artista presiente,[104] del cual el místico vive la experiencia y que todo ser puede penetrar si osa abrirse al eros, ¡si su canto de guerra es el amor!

---

104. *Nota bene: Cf.* CATTIAUX, Louis, *El mensaje reencontrado*, libro IX, versículo 53: «El arte consiste en hacer aparecer lo sobrenatural oculto en lo natural».

X

Eros e identidad

El objeto primerísimo de conocimiento, aquél que debería preocuparnos en primera instancia, ¿no es acaso el de nuestra identidad?

> Conócete a ti mismo y conocerás el universo
> y a los dioses,

se leía inscrito en el frontispicio del templo de Delfos.

Son numerosos los héroes de la mitología griega que han respondido a esta invitación de Sócrates. Entre ellos se erige muy singularmente Edipo, con el corazón tan martilleado por la pregunta esencial que abandona la seguridad del hogar paterno para ir a preguntarle a la Pitia de Delfos:

Para ser objeto de conocimiento memorizado y operacional, la respuesta a esta pregunta no puede venir sino del propio preguntante. El verdadero maestro conduce a su discípulo a encontrar la luz en su interior. Le invita a descascarillar su pregunta, tal como haría con el duro caparazón bajo el cual se aloja un fruto maduro para poder obtener y comer dicho fruto. La búsqueda verbalizada de un Hombre es siempre la emergencia concreta de un tesoro oculto hasta entonces y que pide darse a conocer. El tesoro no puede venir de nadie más que de aquel que lo posee. Es en este sentido que ningún conocimiento adquirido desde el exterior puede ser realmente válido si no reactiva en el ser una memoria secreta de ese mismo objeto de conocimiento sepultado en él. El árbol que es el Hombre es esencialmente árbol de conocimiento. La identidad del Hombre se descubre en la medida en que la savia de su árbol sube. El maestro exterior no puede sino fertilizar la tierra, cavarla y regarla, ¡pero «sólo Dios hace crecer»![105] ¡Y la fuerza de este crecimiento es la del eros!

Edipo sabía aún dónde ir a encontrar al maestro. La Pitia de Delfos era la voz misma del dios que se ocultaba en él; su respuesta no podía sino llevar al héroe a gi-

---

105. *Nota bene:* véase, al respecto, Louis CATTIAUX, *El mensaje reencontrado,* Barcelona, Herder, 2023, libro XV, versículo 49': «Basta con que el labrador labre, pues Dios es quien siembra, riega, hace germinar, florecer, fructificar y quien multiplica la simiente».

rarse hacia sí mismo, hacia el abismo de su femenino interior, el único que poseía el secreto de su Nombre, su verdadera identidad. Desposar a la madre, 'Adamah –llamada 'Ishah en tanto que esposa–, es el camino.

¿Dónde están a día de hoy los maestros capaces de guiar hacia el interior de sí mismos a nuestros adolescentes y, sin embargo, qué fuerza conduce a estos últimos a ir a la conquista del Everest o a atravesar el océano en solitario, si no es la del eros? A esa edad no saben invertir el eros más que en proezas que, a pesar de ser exteriores, les muestran sin embargo que son alguna cosa más que ellos mismos. ¿A qué impulso del alma apelaban si no las naciones para suscitar en los hombres –en ellos y en las mujeres que los amaban– un amor tan grande por la patria que les hacía capaces de los mayores sacrificios? Pese a no conocer otra vía que la del exterior, algunos de estos seres experimentan no obstante el cara a cara consigo mismos desviándose de este camino exterior.

Una de las vías puede conducir a la otra; no se excluyen sino que, por el contrario, trazadas por la misma flecha del eros, pueden reafirmarse. Pero en esta primera experiencia, a muchos jóvenes su éxito sólo les permite adquirir una cultura del ego, ¡a menos que un revés o un sufrimiento excesivo los esterilice durante un largo tiempo!

Más que ninguna otra, la identidad, en tanto que es objeto de conocimiento, debería ser la pareja de una danza nupcial.

Sin embargo, las ciencias humanas que pretenden dar respuesta a esta búsqueda forman parte de la investigación científica cuya única vía es exterior. Tienen por iguales al que está conociendo y al objeto por conocer; postulan *de facto* el desconocimiento de los utensilios para obrar de que dispone quien está en camino de conocer. Desde el exterior, este último no puede sino estudiar al Hombre exterior, y sus limitadas conclusiones se hallan falseadas por este mismo hecho; sólo conciernen a la primera identidad del Hombre, la del exilio.

Esta reducción es la que provocó sin duda la ruptura entre Freud, médico eminente, y Jung, también médico, siendo ambos, por lo tanto, hombres de ciencia. Pero al atreverse a experimentar las mayores profundidades del camino del eros, y a pesar de haber rozado el hundimiento patológico, Jung hizo emerger plenamente el conocimiento del «sí mismo». Lo que él llama el «sí mismo» son primicias de Yo soy. El «sí mismo» habita los suburbios de la ciudad santa de nuestra Jerusalén interior, cercana a la Tierra prometida; sateliza ya la casi totalidad conocible en este mundo de exilio de nuestra verdadera identidad, de esa que, viniendo del primer «yo» entrado en resonancia con la imagen divina fundadora, ha barrido ya la mayor parte del «polvo» de las energías no realizadas para transformarlas en luz.

Dicha identidad desconocida por las actuales ciencias humanas le es dada a cada ser en su Nombre secreto durante los tres últimos meses de su vida intrauterina, y es experimentada por él cuando, después del nacimiento y en su deseo de Dios, entra en situación de séptimo día y recobra, con su ontología, su prodigiosa fecundidad, en el sentido interior de esta cualidad de ser.

Esta identidad también está inscrita en el exterior, en los mitos de la humanidad que guardan de ella su memoria secreta.

El mito griego nos cuenta la gestación del dios Dioniso. Concebido de los amores de Zeus y Semele (la luna), Dioniso vive los seis primeros meses de su vida intrauterina en la matriz lunar de Semele; en esta etapa, Semele, víctima de los celos de Hera, esposa de Zeus, muere. Entonces Hermes recoge del vientre de Semele el feto inacabado y lo deposita en el muslo de su noble padre, matriz solar que asegura los tres últimos meses de la formación del niño.

Todo ser humano concebido a partir del núcleo fundador que es la imagen divina recibe de él una primera información que asegura su completa estructura anatómico-psicológica durante los seis primeros meses de su vida intrauterina. Al término de este sexto mes –que en nosotros no puede sino evocar la obra divina del sexto día del Génesis y toda «situación de seis»–, el feto es viable *ex utero;* diría que es «animalmente» viable, gracias a esta primera formación que podría calificarse de «lunar». Pero en esta etapa el núcleo fundador despliega una nueva información: la criatura entra en contacto con su verdadera identidad, su Nombre secreto. Los tres últimos meses de su vida intrauterina lo estructuran en su identidad solar, la que le permitirá nacer dotado de un primer «yo» sólido, pero también capaz de oír un día la llamada de su Nombre y de responder a ella.

Los Evangelios ilustran maravillosamente este misterio de la ontogénesis cuando nos relatan la visita de María, que acaba de recibir el anuncio del ángel, a su prima Elísabet. María está embarazada de Jesús, y Elísabet de Juan Bautista. Elísabet se encuentra en su sexto mes de gestación y de repente el niño, dando un brinco en su interior, reconoce el Santo Nombre en Jesús, y recibe su propio Nombre.[106] Juan Bautista responderá a su llamada a su debido tiempo.

Hoy en día, sin embargo, muchos seres no sienten la llamada o, si la sienten, no tienen la fuerza de responder a ella; permanecen identificados con el colectivo humano –el gran Adán–, que todavía no ha pasado la barrera del sexto mes de gestación cósmica; la situación de exilio los retiene como abortados en este estadio de su ontogénesis, y parecen morir como han nacido; digo «parecen», pues la misericordia divina puede hacer de su muerte un verdadero nacimiento, no lo sabemos.

Decía en una obra precedente[107] cuánto debemos a Freud, a pesar de su radicalización pan-sexual, por

---

106. Lucas 1, 41.
107. *Cf.* SOUZENELLE, Annick de, *Le féminin de l'être,* París, Albin Michel, pp. 326-330.

haber abierto una era de evolución importante en el Hombre de hoy con respecto a este pasaje de la primera identidad «lunar» a la de la Persona «solar». Quizás Freud no podía saber que una profunda represión espiritual se ocultaba tras la de la sexualidad. Habiendo levantado la prohibición que pesaba sobre esta última, que había sido confundida con el mal por parte de ciertas autoridades religiosas ávidas de imperialismo sobre las ovejas que querían sometidas, el maestro de las ciencias humanas no supo verticalizar el eros. No supo volver a dar a las energías sexuales salidas de la prisión su belleza primera, ni reinvertirlas en la gran obra de la ascensión de la savia identitaria. En cuanto a las propias ovejas, dejaron a los falsos pastores pero, sin embargo, no buscaron nuevas referencias; se explayaron en lo reaccional dejando ir en todas direcciones sus pulsiones sexuales confundidas con el eros desviado. La desacralización de lo más sagrado que haya en situación de exilio sigue aún provocando, en nuestros días, la irrupción sobre el mundo de una violencia inaudita, hecha del «polvo» de las energías no realizadas, que aún no han sido invertidas en el proceso de integración y han dejado de estar custodiadas por las barreras de las prohibiciones.

En la lógica de la dinámica ontológica que produce la pulsión de vida en el Hombre, esta violencia no desaparecerá por un retorno a las prohibiciones de una moral que se supone que ha sido integrada y que, como tal, se ha vuelto obsoleta, sino por el proceso de integración de las energías que constituyen dicha pulsión. Esto implica el paso de la colectividad a una situación de séptimo día, es decir, el paso de la identidad primera y «lunar» del gran Adán a la de su identidad profunda, «solar», y capaz de devenir divina. Y esto es lo que empieza a dibujarse en la actualidad y que, de forma indirecta, debemos a Freud. Por utópica que pueda parecer la posibilidad de este paso colectivo hacia una situación de séptimo día, no por ello deja de empezar a manifestarse, pues más allá de esa desbandada de violencia e incluso de todos los demonios de la pornografía, el eros también empieza a expresar la exigencia de una auténtica espiritualidad, más allá de toda religiosidad.

Ya no son ovejas sometidas a autoridades exteriores –sabiamente amordazadas en un alma-grupo animal del sexto día– las que en nuestros días emergen de la colectividad, sino individualidades cercanas a su Persona, en vías de alcanzarla o que ya han hecho el giro radical hacia ella.

Al abordar la sexualidad y de forma indirecta también el eros, es decir, el espíritu en el Hombre, Freud, sin saberlo, tocó al Verbo, al Hijo del Hombre, la verdadera identidad del Hombre, que le es inseparable.

Recordemos que, meditando sobre la palabra carne, *Basar* en hebreo, tuvimos la confirmación de la íntima relación que une sin confusión al «Hijo», *Bar*, y al Espíritu simbolizado por la letra *Shin* en el corazón de dicha palabra. Ambos son las «dos manos» divinas que operan en el Hombre incluso hasta en sus estructuras

corporales: en los riñones unidos sin confusión a los órganos genitales; en los pulmones prolongados en las
dos manos; en las dos orejas diferenciadas pero no se-
paradas del sistema vocal; y en los dos hemisferios cere-
brales, uno, a la derecha, ligado a la obra del Espíritu,
el otro, a la izquierda, ligado a la del Verbo. En estas
estructuras, el aliento de vida que une el Espíritu del
Hombre con el Espíritu de Dios conduce al Hombre
desde su función procreadora por el sexo a su función
creadora por el Verbo –lo que el símbolo de la circun-
cisión dice con vigor–,[108] implicando también el paso
de su individualismo egótico a su Persona.

Al sustraer la sexualidad del condicionamiento psi-
cológico, Freud tocó al Verbo, como en una gran cir-
cuncisión cósmica; desgraciadamente, el prepucio, que
simboliza las tinieblas, no fue cortado; sólo el sexo
que simboliza al Verbo fue liberado de su ganga de piel,
lo cual podría ser comparado con una simple retrac-
ción. Freud liberó el sexo de las prohibiciones exteriores
pero no del estado de inconsciencia que retiene al Hombre prisionero de sí mismo; desplazó los problemas pero
no los resolvió. Sin embargo, tocó al Verbo, y el Verbo
solicitado tiene el poder de desvelar, con más fuerza que
todas las terapias que vienen de las ciencias, y es él, el
Verbo, el que, con un nuevo aliento, conduce hoy al
Hombre a buscar una nueva dimensión de sí mismo.

---

108. *Cf.* SOUZENELLE, Annick de, *El simbolismo del cuerpo humano*, Barcelona,
Ediciones Obelisco, 2024, cap. IX, pp. 147-161.

La desestabilización actual de las identidades es una prueba de la enorme mutación que se apodera de la humanidad, invitándola a establecer otras normas. En el seno de esta turbulencia, los pueblos se buscan en la violencia homicida de reivindicaciones alimentadas por venganzas ancestrales; los seres confunden igualdad de sexos y uniformidad; tan confundidos están sus aspectos que a veces no se sabe reconocer a un hombre de una mujer; el reaccional femenino, en comparación con lo que era la condición de la mujer hasta ahora, es muy responsable de ello, pero la desacralización del eros en el hombre y la mujer lo es aún más. Todo esto es obra del «sexto día» que en el dolor intenta alumbrar un «séptimo día».

En el corazón de esta confusión, el rechazo de la alteridad y de toda diferencia en el mundo exterior se presenta como un rechazo a la vida, dado que la vida es esponsales y uniones de los contrarios. Acordándome con respeto de María en Caná, diría en este contexto: «ya no tienen sal», y el sabor que da gusto al festín de las mutaciones corre el riesgo de desaparecer.

Pero este sabor desaparecerá a ciencia cierta si ve la luz otro aspecto mucho más grave de esta confusión. Se trata del rechazo de la alteridad interior del Hombre; me refiero a la clonación humana. Si el Hombre llega con esta técnica a dar vida a un ser humano hecho a su propia imagen, y no ya a la de Dios, uno tiene derecho a preguntarse si esta imagen fijada en el estadio de involución del modelo estaría todavía dotada de un poder de mutación. Dicho de otro modo, la «carne» de este ser, *Basar,* ¿no estaría constituida por un «hijo», *Bar* –el genoma–, sin el cual, como su modelo, ni siquiera gozaría de vida fisiológica, porque se trataría de un genoma manipulado y helado por la erradicación total del eros, al permanecer muda la letra *Shin* ש? ¿Tendría siquiera este ser acceso a la función de la palabra? ¿Estaría dotado de capacidad afectiva? ¡Qué preguntas tan terribles!

Es de lo que nos previene el mito del exilio cuando, al haber Adán consumido el fruto del Árbol del Conocimiento, Dios pone un límite –el sufrimiento– a los estragos provocados por esta inconsciencia del Hombre, y dice:

> Por miedo a que ahora no alargue la mano,[109]
> o que no se ampare de su *yod* (el genoma)
> y coja también del Árbol de la Vida, y coma
> y viva entonces perpetuamente
> (en el tiempo del exilio).[110]

Esto vendría a confirmar lo que Jesús dice en los Evangelios cuando habla del pecado contra el Espíritu (el Árbol de Vida): «el pecado contra el Espíritu Santo no sería perdonado».[111]

---

109. Expresión hebraica que significa también «suicidarse», en el sentido de la muerte del alma.
110. Génesis 3, 22.
111. Mateo 12, 31-32.

Ahora bien, la misericordia divina es infinita, pero el ser nacido de una clonación ¿no se encontraría en una situación de exclusión con relación a ella? Se convertiría, trágicamente, en un alma perpetuamente errante.

En vista de ello, la clonación se presenta como una crispación radical e inconsciente del Hombre respecto a su primera identidad, pues en este nivel él teme al «otro» en sí mismo y levanta un obstáculo radical a toda perspectiva de evolución. Más que entrar en la dinámica de la conquista de la eternidad, se hace prisionero de la perpetuidad. La Palabra divina es muy clara: le será impedido, pero sin duda al precio de temibles destrucciones en relación con las cuales habrá que descifrar la Historia que subyace bajo la historicidad.

El eros divino –el Espíritu Santo de Dios– ha proyectado al Hombre hacia una conquista irreversible de su nueva identidad, puesto que la fuerza del amor es más fuerte que todas las potencias de muerte.

Adán, espacio de encuentro de dos amores, de dos deseos, el del Hombre por su Dios, el de Dios por su esposa, avanza dolorosamente por la vía de ese espacio, pero avanza. La flecha se endereza poco a poco, imperceptiblemente; comienza a hacer brecha en el ojo del ciclón que vive el mundo y a responder a la llamada del Esposo. Puesto que ella es el Eros.

Epílogo

Escribo las últimas líneas de esta obra estando sola en mi casa aislada también en medio de las aguas que se extienden a mi alrededor, en las crecidas desmesuradas de nuestros ríos, esa inconsciencia de la humanidad.

El sol recubre esta devastación con un calor dulce y con su sonrisa. El viento se levanta y hace chapotear las olas contra el pequeño muro del jardín. A lo lejos, el cuco canta su llamada a la hembra. El tilo sacude sus hojas recientemente eclosionadas y todavía enviscadas de savia. El lila embalsama.

¿Qué formidable fuerza hace brotar esta primavera hasta la mínima brizna de hierba que recubre esta sábana chispeante de nuestra inconsciencia?

¡El eros divino!

Penetra la tierra y la hace estremecer en este orgasmo primaveral; también trata de penetrar el corazón de los Hombres, ¡pero esa tierra no lo recibe y no se estremece más que con sus propias e ilusorias caricias!

Mi isla es un instante cosechado en el corazón del tiempo, ¡pero un instante de eternidad! Encordada al cielo, no estoy sola y canto, con el viento, los árboles y los pájaros, la liturgia de la naturaleza. De repente, cerca de mi ventana abierta, viene el garzón a concluir su vuelo y se pone, gracioso, sobre una pequeña elevación de tierra; es allí donde ha citado a su bienamada; ella se le une poco después y ambos despegan, grandes veleros del cielo, en la verticalidad del tiempo y del espacio. Flecha única que conoce el blanco de su diana, ellos me transportan; mi alma parece desprenderse de mí; se convierte en flecha con ellos y responde a la llamada del bienamado.

> He aquí que el invierno ha pasado, me dice Él,
> la lluvia ha cesado, ha desaparecido;
> las flores se abren ya sobre la tierra.
> El tiempo de las canciones ha regresado;
> ya se escucha el canto de la tórtola
> en nuestras tierras.
> La higuera da sus primeros frutos,
> y los viñedos en flor esparcen su aroma.
> Levántate, amiga mía, y ve hacia ti.[112]

---

112. Cantar de los Cantares 2, 11-13.

Contenido

Prefacio   7

   I. Eros, su nombre 11
  II. Su fuente 15
 III. Su ser 27
 IV. Dinámica del eros. El Shabat 31
  V. Exilio del eros 37
 VI. El beso 55
 VII. El abrazo 65
VIII. La ruptura 79
 IX. Fruición y conocimiento 97
  X. Eros e identidad 117

Epílogo 129

Aprender a leer el cuerpo es estar atento a su dibujo, es también oír lo que nos dicen los grandes mitos de la humanidad sobre la naturaleza y la función sutil de cada uno de los órganos; redescubrir el Árbol de los cabalistas, porque si el hombre fue «creado a imagen de Dios», la imagen de su cuerpo debe ser leída como el reflejo terrestre de ese «Árbol de la Vida» del que nos habla la tradición de la cábala.

Annick de Souzenelle, medita sobre esa última aventura que es nuestra muerte: sobre la mutación que emprendemos con ocasión de ese proceso, sobre la capacidad para trascender nuestra parte animal y, finalmente, sobre lo que ella denomina «los guardianes de los umbrales de evolución» a los que tenemos que enfrentarnos sin cesar, tanto en la vida como en el más allá.